高等职业教育服装设计专业精品系列教材
"互联网+" 新形态立体化教学资源特色教材

服装市场营销

韩英波　祖秀霞　编著

中国轻工业出版社

图书在版编目（CIP）数据

服装市场营销/韩英波，祖秀霞编著. —北京：中国轻工业出版社，2025.9
ISBN 978-7-5184-3083-3

Ⅰ.①服… Ⅱ.①韩…②祖… Ⅲ.①服装-市场营销学-高等职业教育-教材 Ⅳ.①F768.3

中国版本图书馆 CIP 数据核字（2020）第 125208 号

责任编辑：李　红　　　责任终审：李建华
整体设计：锋尚设计　　责任校对：吴大朋　　责任监印：张　可

出版发行：中国轻工业出版社（北京鲁谷东街 5 号，邮编：100040）
印　　刷：三河市国英印务有限公司
经　　销：各地新华书店
版　　次：2025 年 9 月第 1 版第 3 次印刷
开　　本：889×1194　1/16　印张：8
字　　数：200 千字
书　　号：ISBN 978-7-5184-3083-3　定价：39.80 元
邮购电话：010-85119873
发行电话：010-85119832　　010-85119912
网　　址：http://www.chlip.com.cn
Email：club@chlip.com.cn

251533J2C103ZBW

前言

党的二十大报告指出："必须坚持在发展中保障和改善民生，鼓励共同奋斗创造美好生活，不断实现人民对美好生活的向往。"衣食住行，服装是人类生活的主体要素之首，而我国是人口大国，也是全世界最大的服装消费国。面对复杂多变的国际形势和国内结构改革的压力，我国服装行业整体保持了平稳发展，从2014~2019年的数据来看，居民人均衣着消费支出情况呈逐年递增的情况。服装行业面临良好的未来发展机遇，好的机遇也预示着竞争的激烈。如何在激烈的市场竞争环境中保持竞争优势，全方位了解消费者需求，分析市场机会和威胁，制定相应的市场营销策略，满足消费者未被满足的需求和欲望，不断提长服装行业的产品和国，实现人民对美好生活的向往，市场营销是企业保持竞争优势的利器。

服装市场营销是市场营销（服装品牌管理）专业的核心课程，是学生系统学习市场营销专业知识，统筹规划，将市场营销专业知识与服装专业知识有机融合，分析具体营销策略的实际应用。

高职教学的特点是，在理论学习的过程中，进行大量市场调研，考察成功品牌如何将营销理论应用到企业经营活动中，再引导学生进行虚拟品牌策划，应用营销理论进行实践，完成理论—调研—理论—实践，通过这样的学习实践环节，学生能够彻底领悟市场营销的精华。

本书包含基础篇和策略篇，基础篇包含服装市场营销概述、服装基础知识、服装市场营销环境分析，市场调研和市场细分、定位，是服装企业在制定策略之前对整个市场进行调研分析的过程，企业的市场营销策略要在对市场进行充分调研、分析的基础上完成。策略篇包括四个项目：服装产品策略、服装价格策略、服装渠道策略和服装促销策略。在基础篇市场分析的基础上，完成策略部分。

本书由韩英波和祖秀霞共同编著。本书得到大连鸿玛服饰有限公司、安正集团等企业的数据支持，引入了相关案例，同时引用了学生作业，在网上选取了知名品牌的相关案例，参考了国内外相关著作、教材、论文，在此表示衷心的感谢。

由于编者水平有限，书中难免有不妥和疏忽之处，敬请各位读者批评指正。

编者

2023年7月

CONTENTS

目　　录

基础篇

策略篇

基 础 篇

PPT课件

项目一

服装市场营销概述

随着全球一体化步伐加快，国际品牌涌入，服装行业的竞争更加激烈。营销能力的提升，营销手段的加强，是服装企业在竞争中获得优势的法宝。掌握市场影响相关概念、正确理解营销观念、熟悉市场营销管理过程，对未来服装行业发展和营销创新有预见性，是市场营销学习的基础。

引入案例：

经典营销故事——荒岛卖鞋

有一个欧洲的跨国公司，为了开发非洲一个岛国的市场，先后派出了五队考察小组。

第一组被派去的考察人员，到了岛国后汇报“岛国人没有穿鞋的习惯，这里没有鞋子市场。”第二组派去的是公司的优秀销售员，他们到了岛国后，非常兴奋，报告称“这里的人都没有穿鞋，这是一个巨大的待开发的市场。”第三组派去的是鞋厂的厂长，他在岛国进行了考察，报告称“岛国市场前景很好，还找到了可以本地化生产鞋子的原料，而且当地的资源价格低廉，可以本地化生产鞋子，能够获得较高利润。”第四组派去的是财务专员，财务专员对比国际贸易和本地生产，认为考虑成本、资源、货物运输及关税等因素，新建厂在产量能够保证的情况下是可以节省费用的，半年左右就可以收回建厂费用。第五组派去的是公司的营销经理，他进行了大量市场调研，对消费者取样，包括酋长和普通老百姓。通过调研发现：

（1）岛国人不知道穿鞋这件事。

（2）当了解穿鞋可以治愈脚疾后，迫切需要鞋子。

（3）岛国人的脚和欧洲人的脚不一样，需要针对他们开发新产品。

（4）岛国盛产香蕉，可以用香蕉和鞋子进行交换，解决当地人资金短缺问题。

（5）为解决建厂和需求的时间差，一边进行国际贸易，一边建厂。

问题引出：

1. 什么是市场？

2. 如何满足消费者需求？

单元一　市场与市场营销

一、市场的含义和作用

市场是社会分工和商品经济发展的必然产物，市场最初是古时人类对于固定时段或地点进行交易的场所的称呼，市场可以让人们在此提供货物以及买卖服务，方便人们寻找货物及接洽生意。

1. 市场的含义

市场（Market），狭义上的市场是买卖双方进行商品交换的场所。广义上的市场是指为了买卖某些商品而与其他厂商和个人相联系的一群厂商和个人。市场营销者认为，卖方构成行业，买方构成市场。市场的基本关系是商品供求关系，基本的活动则是商品交换活动。

市场包含三个主要因素，即有某种需要的人、有满足这种需要的购买能力和购买欲望。市场是三个要素组成的有机整体。这三个要素之间互相制约，缺一不可。只有三者结合起来，才能构成市场。在分析和对比不同类型的市场时，必须全面考虑市场的三要素。

2. 市场的功能

市场作为商品交换和信息传递的枢纽，在现代社会生活中，拥有如下功能：

（1）**交换功能。**这是市场的最基本功能。在商品交换的过程中，商品生产者出售商品，消费者购买商品，都是通过市场进行的，作为商品交换的场所和中介，市场促进和实现了商品交换。

（2）**信息传递功能。**市场把交换活动中产生的商品供给与需求信息传递，反映给买卖双方，商品出售者和购买者在市场上进行商品交换活动的同时，不断传递着有关生产、消费等方面的信息。通过市场的信息传递功能，可以预测市场需求的变动趋势。对于企业而言，企业可以通过市场信息的收集，掌握消费者的需求信息，提供适合消费者需求的产品。消费者也可以通过对市场信息的收集，掌握当前流行趋势及商品信息，减少消费风险。

（3）**对社会经济的调节功能。**调节功能是市场最主要的、具有核心意义的功能。市场作为商品经济的运行载体和现实表现，本质上是价值规律发生作用的实现形式。市场机制以价格调节、供求调节、竞争调节等方式，对社会生产、分配、交换、消费的全过程进行自动调节，实现市场商品的供求总量与供求结构的调节、社会消费水平、消费结构和消费方式的调节以及各个市场主体之间的利益分配关系的调节。市场需求的变动，促使企业进行调整，保证了社会资源的有效配置，同时增强了企业对社会经济环境变化的适应能力。

（4）**对企业的经营活动具有导向作用。**企业的生产经营活动直接取决于市场的调节和导向。市场运用供求、价格等调节机制引导企业生产方向，企业也根据市场供求信息决定生产什么，生产多少。企业要遵照公平竞争的市场法则、积极参与竞争，实现优胜劣汰。通过市场竞争，促使企业进行技术创新、产品创新、服务创新，从而提高企业的社会效益。在营销活动中，同样要依照市场导向制订市场营销战略，选择市场营销组合，以使企业获得最佳市场营销效果。

3. 市场形成条件

市场的形成必须具备以下三个条件：

（1）**存在可供交换的商品。**市场的形成首要条件是卖方能够提供可供交换的商品，包括有形的商品和无形的服务。

（2）**拥有市场三要素。**市场的形成还必须有提供商品的卖方，同时又有具有购买欲望与购买能力的买方。正如前面所说，市场存在三要素，要有买卖双方、购买欲望和购买能力。

（3）**满足交易条件。** 市场的形成必须满足双方交易条件，即具备买卖双方都能接受的交易价格、行为规范及其他条件，如场所、信息、储运、保管、信用、保险、资金渠道、服务等。

二、市场的分类

市场可以按照不同的方式和标准划分：

（1）**根据市场的覆盖范围，可以把市场划分为区域市场、国内市场和国际市场。** 国际市场通常划分为亚洲市场、欧洲市场、北美市场、南美市场、非洲市场、澳洲市场、拉丁美洲市场等。国内市场划分通常包括东北、西北、华北、华东、华中、华南、西南市场等。也有把国内市场划分为城市市场和农村市场的。

（2）**根据市场状况，可以把市场分为买方市场和卖方市场。** 买方市场是指供给大于需求、商品价格有下降趋势，买方在交易上处于有利地位的市场趋势。在买方市场上，商品供给过剩，卖方之间竞相抛售，价格呈下降趋势，买方在交易上处于主动地位，有任意选择商品的主动权。买方市场意味着商品交换中买卖双方的平等关系。卖方市场是指供给小于需求、商品价格有上涨趋势，卖方在交易上处于有利地位的市场。在卖方市场上，商品供给量少，由于供不应求而不能满足市场的需求，即使商品质次价高也能被销售出去，商品价格呈上涨趋势。对于大多数服装品牌而言，竞争的白热化导致产品的同质化现象增加，呈现出买方市场的特征。

（3）**根据商品流通环节，可以把市场分为批发市场和零售市场。** 随着商品数量的增加，商品品种的多样化，商品购销量逐渐增大，流通范围不断扩展，生产者和消费者之间常常难以进行直接的商品交换，或者他们之间直接进行买卖不如由中间商媒介对他们更有利，由此而产生了专门向生产者直接购进商品，转售给零售商的批发商业。零售市场是指直接将生产者的商品销售给消费者的商业组织。他们直接面对消费者，了解消费者的需求，组织货源，从生产企业或批发商手中采购货品，再销售给消费者。

（4）**根据购买者购买行为的特点，可以把市场分为消费者市场和组织市场。**

① 消费者市场。是为消费者服务的，是由那些为满足生活消费需要而购买商品的所有个人和家庭所组成的。企业的市场营销计划都是为消费者市场制定和实施的，最终实现商品的使用价值。消费者市场是其他市场存在的基础，是起决定作用的市场。与组织市场相比，消费者市场具有以下特点：

a. 购买行为受个人因素影响。由于消费行为是供人们最终消费的产品，而购买者是个人或家庭，因而，它更多地受到消费者个人因素影响，如消费者的文化修养、欣赏习惯、收入水平、年龄等方面的影响。

b. 在产品选择上存在多样性和非专业性。不同的个人和家庭在产品选择过程中，所选择产品的花色繁多、品种复杂，产品的生命周期短；在选择产品的过程中专业技术性不强，对产品了解不多，替代品较多，因而商品的价格需求弹性较大，即价格变动对需求量的影响较大。

c. 购买人数多，购买次数频繁。消费者市场是针对个人和家庭的，因此，消费品市场广阔，购买者众多，市场分散，成交次数频繁，但单次交易数量不多。因此，绝大部分商品都是通过中间商销售的，以方便消费者购买。

d. 消费行为具有可诱导性。消费者在决定采取购买行为时，会受到社会环境、经济环境和营销环境的影响，具有自发性、冲动性；同时，消费者的购买行为属于非专业性购买，他们对产品的选择，受广告、宣传的影响较大。对于服装产品而言，消费者在选择产品时还会受环境、时尚、流行趋势、价值观等外在因素的影响。

② 组织市场。是为了生产或转卖以获取利润，以及其他非生活消费的企业或社会团体。其中包括生产者市场、中间商市场、非营利组织市场及政府、机构市场。

同消费者市场相比较，组织市场具有以下特点：

a. 购买的人数少，购买规模大。组织市场的购买人数要比消费者市场的购买人数少得多，购买频率也低，但是单次的购买数量大。

b. 组织市场在购买地域上比较集中。由于资源和竞争等因素，各种产业在地理位置上具有相对集中性，形成产业集群，组织购买具有地域集中性。

c. 组织市场是专家购买、专业采购。组织市场多属理智型的专家购买，采购过程由具有专业知识的专业人士组成，他们对产品的品质、规格、数量、交货期、售后服务要求严格。

d. 组织市场采用直接销售，没有中间商。组织材料的采购一般采用直接向生产者购买的形式，这是因为购买数量较大，直接购买会降低成本；另一个原因是组织市场购买的产品大多需要生产者在售前及售后提供服务，所以一般采用直接销售。

三、市场营销的基本含义

市场营销来源于英文 Marketing，又称为市场学、市场行销，对其含义有着多种不同的解释和表述。美国市场营销协会（American Marketing Association，简称 AMA）对市场营销在不同时期给予了一系列表述，被认为是营销领域内的权威定义。该组织在 1948 年首次发布了市场营销的定义：市场营销是引导货物和劳务从生产者流向顾客所进行的一切业务活动。1985 年，AMA 修订了对市场营销的定义，提出市场营销是计划和执行关于商品、服务和创意的观念、定价、促销和分销方案，以创造符合个人和组织目标的交换过程。2004 年，AMA 组织对市场营销的含义再次进行了修改：市场营销既是一种组织功能，也是为了组织自身及利益相关者的利益而创造、传播客户价值、管理客户关系的一系列过程。2007 年，AMA 对市场营销的含义又进行了修改；市场营销是创造、传播、传递和交换对顾客、客户、合作伙伴乃至整个社会有价值的产品和服务的一系列活动和过程。从 AMA 组织不同时期对市场营销含义的修改我们不难看出，每一次含义的修改，都吸收和容纳了营销学的新成果，是市场营销含义的外延，其内涵更加丰富。

四、市场营销学的产生与发展

1. 国外市场营销学的产生与发展

市场营销学作为一门应用性学科，于 20 世纪初在美国产生。几十年来，随着经济全球一体化的发展，市场营销学也在发生变化。从传统市场营销学演变为现代市场营销学，现已成为同企业管理相结合，并同经济学、行为科学、人类学、数学等学科相结合的应用边缘管理学科。市场营销学的发展经历了以下四个阶段：

第一阶段是萌芽阶段。市场营销学于 19 世纪末至 20 世纪 20 年代在美国创立，源于工业的发展，这时的市场营销所研究的范围很窄，只是研究广告和商业网点的设置。并在伊利诺伊州等地方的大学开设相关课程；1902 年，美国一些大学正式设置市场营销课程。1912 年，第一本以《*Marketing*》命名的教科书问世于美国的哈佛大学，被称为市场营销学作为一门独立学科出现的里程碑。但这一时期的市场营销学还缺乏明确的理论体系，研究的内容主要侧重于实体分配和推销方法，其实质只是“推销学”与“广告学”，而且研究局限于大学，还没有引起社会足够的重视。

第二阶段是应用阶段。从 20 世纪 20 年代至 40 年代末，美国国内企业开始大规模运用市场营销学运营企业，打开海外市场，欧洲国家也纷纷效仿。市场开始由卖方市场向买方市场过渡，企业为了争夺市场，解决产品的销售问题，开始大规模地研究市场营销活动，并于 1931 年成立“美国市场营销协会”，宣讲市场营销学。市场营销学开始从大学讲台走向社会，被广大企业界所重视；市场营销学逐步形成了自己的体系，作为一门较为系统的应用科学逐步建立起来并进入了实际应用阶段，但它的应用范围仍局限于流通领域。

第三阶段是形成发展时期，主要是 20 世纪 50 年代至 80 年代，为市场营销学的发展阶段。市场营销活动从过去侧重于以推销为主转变为以消费者的需求为中心，这一变革被西方称为“销售革命”。美国军工经济开始转向民众经济，社会商品急剧增加，社会生产力大幅度提升，而与此相对应的居民消费水平却没有得到多大的提升，市场开始出现供过于求的状态。此时，美国市场营销学专家提出广义的市场营销学，认为市场营销是通过调查了解消费者的需求和欲望，而生产符合消费者需求和欲望的商品或服务，进而满足消费者的需求和欲望，具有明显的管理导向；新的市场营销学强调开发潜在需求，把市场作为生产过程的起点，营销职能必须先调查、分析消费者的需求和欲望，据此组织生产和销售。市场营销活动开始突破流通领域，参与生产经营管理，使市场营销学的研究进入一个新阶段，并得到经济理论界和企业界广泛的重视。

第四阶段是创新阶段，从 20 世纪 80 年代至今，市场营销学不再是单一的学科，与其他学科如经济学、数学、统计学、心理学等相关联，开始形成自身的理论体系，进入现代营销领域，使市场营销学的面貌焕然一新。20 世纪 90 年代，国际经济与贸易日益呈现出全球化和一体化的趋势，国际竞争空前激烈。为适应这种变化和发展趋势，全球营销管理（Global Marketing Management）理论应运而生。全球营销理论在审视世界市场时，其角度与视野都发生了某些本质上的变化。全球营销理论的形成与发展，使国际营销管理不仅在理论上更加成熟，而且在更大的规模和更广泛的意义上拓展了国际化企业在全球市场上开展营销活动的战略思想。

2. 国内市场营销学的发展

市场营销学在国内的发展大致经历了四个阶段：早期传播、引进传播阶段、应用传播阶段、发展运用阶段。第一阶段起于 20 世纪三四十年代，市场营销学开始在中国传播。出现了现存最早的教材《市场学》，是由复旦大学出版社在 1933 年出版的，作者是丁馨伯，当时一些大学的商学院开设了市场学课程；由于历史原因，从 20 世纪 50 年代到 70 年代，市场营销学在国内几乎没有发展。市场营销学在国内发展的第二阶段为 1978 年到 1983 年，为引进传播阶段，主要表现为这一时期各个大学开始组织培训自己的市场营销学讲师，组织编写教材，开设市场营销方面的课程，与此同时，企业也开始营销实战。第三阶段是应用传播阶段，时间为 1984 年往后的 10 年，是市场营销在中国应用传播的时期。市场表现为竞争日益激烈，迫使企业经营观念不断更新，市场营销观念逐渐被企业接受，企业开始重视和研究消费者行为。同时，随着市场营销应用越来越广泛，市场营销学深入普通高校，关于市场营销学的教材、专著、译著出版种类数目众多，持续发展的国内外学术交流，使得市场营销学得以迅速传播。市场营销学的发展运用阶段是从 1995 年至今，是市场营销学理论研究与应用的发展时期，此阶段，市场营销学的学者更加注重国际交流，市场营销人才的培养力度加大，市场营销的研究具有本土化特色。

五、市场营销涉及的核心概念

1. 需要、欲望和需求

所谓需要（Needs），是指没有得到某些基本满足的感受状态。其描述了基本的人类需要，这种未得到满足的感受状态会促使人消费。比如人们饿了会需要食物，为了保暖会需要服装，渴了会需要水等。需要是人类生存的原动力。

所谓欲望（Wants），是指人们的需要有了特定的目标，想得到某种东西或想达到某种目的的要求。欲望是在满足了基本需要之后，对需要的升级，希望得到更好的满足。比如会希望以自己的能力得到更好的食物、服装、住所等。企业可以识别消费者的欲望，分析目标顾客，通过不同的营销活动来刺激消费者，使其产生购买欲望。

所谓需求（Demand），对于有能力购买并且愿意购买某个具体产品的欲望。消费者的需要只有在有购买能力的前提下才能成为需求。企业要对消费者的需求时间和数量进行分析，以便对市场进行预测。

2. 交换、交易

交换（Exchange）是人们获取产品的一种方式。所谓交换，是指通过提供等价物，从对方那里取得所需物品所有权的行为过程。交换的发生，必须具备以下条件：有愿意交换的双方，并且拥有双方愿意交换的、认为对自己有价值的物品，在交换的过程中双方能够有效沟通信息，能将交换物品有效送达，且整个交换过程双方都满意。

交易（Transactions）是交换活动的基本单元，是一次具体的交换行为，是由双方的价值交换所构成的行为。通常通过协议来约束完成。协议内容规定交易的物品，双方约定的条件，交易完成的时间、地点以及违约后相关情况说明。

所谓市场营销者，是指希望从别人那里取得资源并愿意以某种有价之物作为交换的人。市场营销者可以是卖主，也可以是买主。

3. 关系、网络

关系（Relationships）是企业在经营活动过程中，与经销商、供应商以及消费者等在长期交易过程中，建立起来的稳定的交易关系。这种关系通常是互相信任、互利互惠的。企业应该重视这种关系，努力发展同供应商、经销商和消费者之间的良好关系，完善自己的经营活动。

网络（Networks）是经营企业经过长期发展，在发展过程中积累起来的，和自己利益相关联的，企业之间形成的长期稳定的市场网络。是衡量企业在现代市场中竞争力的重要因素。

单元二　市场营销观念

市场营销观念（Marketing Orientation）最早产生于美国，是企业进行经营活动的指导思想，企业在进行市场营销活动的过程中，如何处理顾客和社会利益，企业、社会和顾客三方之间利益所坚持的态度和观念，是企业进行市场营销活动时的指导思想和行为准则的总和。

市场营销观念是企业的经营导向，属于企业的战略性问题，决定企业在市场中的竞争地位，是一个企业营销的指导方针。市场营销观念是企业经营理念对营销环境变化的及时反应。当外界的营销环境变化较小时，企业的市场营销观念可以维持基本不变，当企业的市场营销环境发生较大变化，同时影响企业经营活动的主导环境发生根本改变的情况下，企业的市场营销观念应该发生相应改变。

一、市场营销观念的发展

企业的市场营销观念经历了生产观念、产品观念、推销观念到市场营销观念和社会市场营销观念的发展和演变过程。真正的营销观念是市场营销观念，这是市场营销观念演变进程中的一次重大飞跃。

1. 生产观念

生产观念（Production Concept）在 19 世纪末比较盛行，企业认为，消费者喜欢可以方便购买，并且价格低廉的产品，企业应该致力于满足消费者对产品数量的需求，不需要考虑产品的特性。这种观念的产生是由于当时的商品经济不发达，市场力水平低下，消费品的供给不能满足消费者需求，市场产品供不应求，是典型的卖方市场，产品生产出来不愁销路，经营者担心的问题是如何生产更多数量的产品，而不是如何销售产品，企业也是通过大量生产来获取利润的，不需要进行市场调研和市场研究，这个时期的营销观念内容可以概括为“企业生产什么，市场销售什么，消费者购买什么”。

2. 产品观念

产品观念（Product Concept），这种观点强调的是产品质量，认为消费者喜欢质量高、功能多和具有设计特点、有创新的产品。在持产品观念的企业里面，企业往往会忽略消费者的需求和市场的变化，企业的核心竞争力体现在市场质量优异、特色突出的产品设计上。

这一时期的市场上存在质量不同的商品供消费者选择，消费者在购买产品时往往会从质量和价格两个方面进行衡量和比较，形成不同层次的市场等级。对于只关注产品质量而忽视市场需求变化的企业，终会导致企业的产品逐渐偏离市场，最终使企业处于困难境地。产品导向的主要观点是企业强调“以质取胜”。

3. 推销观念

推销观念（Selling Concept），推销观念认为“如果不经过销售努力，企业的经营会出现困难，企业为避免出现这样问题，应采用大规模的促销和推销活动，刺激消费者的购买欲望，否则，消费者就不会大量和足量购买产品。”推销观念的产生是由于市场需求趋于饱和，市场需求出现供大于求，企业将经营重点转向销售。企业设立专门的销售机构，大力开展各种促销活动，根据消费者需求制定不同的促销方案，并及时调整，适时分析，制定符合消费者需求的促销方案。

推销观念的企业重点策略是如何刺激消费者的购买欲望和加大购买数量，其大多数通过培训销售人员、加强广告宣传，增强销售网络，增加促销活动等形式实现目标。推销观念的主要观点为“企业卖什么，就设法要消费者购买什么”。

4. 市场营销观念

市场营销观念（Marketing Concept）是以消费者的需要和欲望为中心的营销观念，这种观念的产生，是市场营销学的质的飞跃和革命，它改变了传统的旧观念的逻辑思维方式。市场营销观念认为“企业应该坚持顾客至上的原则，企业应该正确分析目标消费者的需求和欲望，并应该比竞争对手更准确、更有效的满足目标消费者的需求。”

坚持市场营销观念的企业，十分重视市场调查研究，不断发现消费者尚未得到满足的市场需求，并且集中企业的资源，先于竞争对手满足这种需求，通过建立高度的顾客忠诚度，实现获得长久利润的目标。市场营销观念总结为“消费者需要什么，企业生产什么，市场销售什么”。

5. 社会营销观念

社会营销观念（Societal Marketing Concept），起源于20世纪70年代，随着市场经济的快速发展，资源的快速消耗，出现了环境破坏、资源短缺、人口爆炸、通货膨胀和忽视社会服务等问题，这就要求企业在赢得利益的同时顾及消费者的整体利益与长远利益。

社会营销观念认为，企业应以实现消费者满意以及消费者和社会公众的长期利益作为企业的根本目的与责任。企业的决策应同时兼顾：消费者的需求与愿望的满足，消费者和社会的长远利益，企业的营销效益，企业应做到消费者、企业、社会利益同时兼顾。

6. 生态营销观念

生态营销观念（Ecological Marketing Concept）是在市场经济条件下形成的一种全新的营销理念，是对市场营销观念的进一步发展和完善。生态营销观念强调把企业内部的资源与外部社会环境相协调和配合。企业在进行营销管理时，不但要考虑消费者的需要和实现公司的目标，更要考虑社会发展的长期利益。企业的广告、价格策略、分销活动、售后服务等都要兼顾社会利益。企业要经常监测市场环境，对企业的各项策略进行及时调整，以适应市场环境和需求的变化。

生态营销观念认为，企业应该注重包括自然环境保护的自然生态营销观，并注重社会环境自身以及与自然环境之间和谐发展的社会生态营销观。根据这种观念，企业在经营过程中，不要盲目发展自己的弱项，要集中优势资源，发挥自己优势和特长，注重经济与生态的协同发展，注重可再生资源的开发利用，减少资源浪费，防止环境污染。生态环境的保护，是在传统的社会营销观念——强调消费者利益、企业利益与社会利益这三者有机结合的基础上，进一步强调生态环境利益，将生态环境利益的保证看作是前三者利益得以持久的关键所在。

二、服装市场营销观念

服装产品具有特殊性，与其他产品不同的是，服装产品的设计开发会受到销售季节和流行趋势的强烈影响。与此相关的是，在服装企业中，服装设计师在企业和品牌中的地位如何确定，设计在服装销售过程中是否起主要作用，营销在服装品牌建设过程中起到何种作用，在服装品牌的发展中，到底是设计重要还是营销重要，这都是服装实战中必须正视的问题。

在有些服装企业中，认为服装设计师在品牌建设过程中占主导地位，服装设计是服装品牌的灵魂，设计师往往不重视营销人员的建议，在设计过程中，更喜欢追求创意和与众不同，按照设计师个人的喜好设计产品，他们想当然的认为，自己喜欢的作品消费者一定喜欢，一旦自己设计的作品不被消费者认可，设计师往往会抱怨消费者素质低，缺乏审美眼光。

随着市场竞争越来越激烈，有些服装企业走

向另一个极端，把市场营销放到企业的最高位置。这种观点过分强调了消费者的需求，企业只重视市场营销人员的意见，认为只有销售人员才了解市场，掌握流行趋势，这些服装企业甚至认为服装设计人员只是企业的门面，企业中只要有打板师就够了，他们甚至认为哪些服装款式销售得好，只要设计师拿来进行少许改动就可以了，只要产品销售的好，是不需要有品牌风格和品牌定位的。这样的服装企业注定不会形成服装品牌，难以长久发展。

在服装品牌的发展过程中，服装设计和服装营销并不是矛盾的，将二者有机结合，才是正确的服装营销观念。服装设计的整个流程与市场需求紧密相关，市场是检验服装设计产品是否能满足消费者需求的唯一标准。因此，服装设计师的设计活动要以市场为中心，随时收集各种市场信息，把收集到的关于服装流行、服装销售数据、服装需求信息等进行综合分析，运用到自己的设计中，从而为消费者提供满足其需求的服装商品。同时，市场营销人员也要注重品牌特色，在研究目标顾客、强调市场和消费者的同时，也要看到设计对市场和消费者的能动和吸引作用。设计不是被动的迎合消费者的心理，而是设计师迸发灵感的创造性活动。对许多消费者而言，在他们没看到设计作品之前，很难判断是否喜欢一件产品，目标顾客的消费偏好是可以通过营销活动去改变的，所以营销人员要做到两点：一是要准确提供市场信息，包括产品销售信息和市场调研信息，并提供给设计人员；二是要准确理解设计师的设计，然后将它传递给消费者，让消费者了解品牌理念、品牌风格，从而使品牌能够长久发展。

对于服装营销观念，需要设计和营销的高度结合与统一，要同样高度重视设计和营销，它们是服装品牌的两个引擎，高度协调的设计和营销，才能造就真正的服装品牌。

知识链接：

服装营销与品牌服装设计的关系

在服装品牌的发展中，到底是设计重要还是营销重要，这是服装实战中必须正视的问题。如何树立正确的服装营销观念，是服装企业首先要解决的问题。

一、曲高和寡少人追——以设计为中心的服装品牌思维

服装的流行性，注定了服装产品的不断变化，也就意味着需要不断进行创造和设计，因此，设计无疑是重要的，正因如此，设计被放到服装界无以复加的地位，在众多服装企业，营销则只是服装品牌的陪衬，只充当着促销的角色。这就是以设计为中心的服装品牌思维。

设计师很少考虑推出的市场时机以及成本问题，因此，导致许多服装设计不能吻合市场需求或者设计难以实现。有些服装设计可能会获得大奖，但却不能被市场接受。以设计为中心虽然偶尔能碰运气推出若干畅销服装款式，但依赖设计师的技巧和直觉来满足消费者，失败率实在太高。

二、淡然无味谁人问——以顾客和利润为中心的服装品牌思维

服装是典型的个人消费品，顾客才是服装的最终决定者。在这种思维主导下，设计师要根据营销部门在市场调查中得到的资料进行设计，并根据成本进行限制。市场流行的才是好的，甚至营销人员鼓励设计师到服装零售店去模仿抄袭其他品牌的设计款式，唯一的理由就是这些款式在市场上受顾客欢迎。

跟设计师不同，由于缺乏设计训练，营销人员

只会考虑顾客的想法以及成本的控制，他们通常不了解设计的美学层面，也不了解服装产品开发的许多品质层面。因此，他们即使了解消费者的想法但却无法把握消费者对设计的具体要求。不过，以顾客和利润为中心虽然合情合理，但以此来限制设计，还要从同质化如此严重的服装市场竞争中脱颖而出，真是难上加难。

三、浓妆淡抹总相宜——真正的服装营销：同时高度关注设计、顾客和利润，并相互协调

无论偏向设计还是偏向营销，其实都难以把握服装品牌发展的关键。片面以设计为中心，容易忽视消费者的需求，甚至会陷入对服装产品的迷恋，形成所谓的“产品近视”。长此以往，很容易使服装产品偏离市场，使服装品牌失去生存的空间。而完全由营销控制设计，则只能被动接受顾客的需求，永远只能跟在市场后面走，服装品牌也很难形成市场的优势。所以一味被动迎合并不是好的市场策略，服装消费的特点是消费者的需求一定程度上是可以进行引导的，好的服装设计能够引导市场的需求。因此，必须给设计师足够的创作空间。

可见，服装设计与营销实际上是孪生姐妹，是不可分割的整体，是相互依存的，设计与营销配合才能造就服装品牌。因此，必须处理好设计与营销之间的关系：

(1)必须同时高度关注设计、顾客和利润。

(2)营销是设计的基础，并促进设计。创造服装品牌最终是为消费者服务的，是否被消费者接受是检验服装设计成功的唯一标准。

(3)设计与营销中，设计是实现并引领顾客需求的关键。

(资料来源：http://www.795.com.cn/wz/45026_4.html)

单元三　服装市场营销管理过程

服装市场营销管理过程就是服装企业在市场经济条件下，为实现其企业战略目标，对宏观环境和微观环境进行分析，根据分析结果进行服装市场细分、定位，进而为选定目标市场进行 4P 策略制定，发现、分析、选择和利用市场机会的管理过程。具体包括服装市场环境分析、消费者行为分析、市场细分和定位、设计服装市场营销组合策略以及执行和控制市场营销计划等阶段内容。

一、服装市场环境分析

服装市场环境是指与企业营销活动有关的内部、外部环境的总和，包括宏观环境因素和微观环境因素。宏观环境因素包括人口环境、经济环境、科学技术环境、自然环境以及社会文化环境，微观环境包括企业内部环境、消费者、中间商、企业竞争者和社会公众等。企业分析市场营销环境对企业的发展具有重要意义，外部营销环境的不确定性和变化对企业的营销活动会产生重大影响，通过分析外部营销环境，企业可以发现营销机会，避免由于外部环境变化给企业带来的损害，同时可以充分了解目标市场特性，预测外部环境对企业营销活动的影响，制定相应措施，改善外部营销环境。

二、服装市场细分和市场定位

服装企业面对的市场是一个拥有各种消费群体的大市场，任何企业生产的产品都不可能满足所有消费者的需求。市场细分是营销学中重要的因素。服装企业会研究调研市场，了解消费者的需求，根据消费者的需求差别，消费者的不同特征将服装市场进行细分，结合企业优势和实力，确定目标消费者，感知目标消费者的需求特征，满足消费者的需求。

三、服装营销组合策略

服装市场营销组合概念是现代营销活动中最经常使用的一个概念。是指服装企业根据自己对目标市场的细分，并结合各方面因素选定目标市场后，将影响市场营销的各个可控因素进行组合策划，形成一个整体化的系统策略，以达到营销方案的最佳状态，最终取得很好的经济效益。

市场营销组合（Marketing Mix）是指企业可以控制的各种市场营销手段的综合运用。营销组合可以概括为四个基本要素：产品（Product）、价格（Price）、渠道（Place）、促销（Promotion）。

一个企业要有效地进行市场营销活动，必须针对不同的内部、外部环境，把企业可以控制的各种市场营销手段进行最佳组合，使它们互相配合，综合发挥作用。服装市场营销组合对企业来说是可变因素，企业可以根据目标市场的需求，自主决定产品的结构、品牌策略、制定产品的价格、选择营销渠道和策划促销方案。

四、服装市场营销计划的实施和控制

服装市场营销管理过程的最后一定要落实到营销策划方案的实施和控制过程。

营销计划的实施是营销计划的关键阶段，要想营销计划实施的好，首先要做好实施前的准备工作。准备工作包括制定行动方案、明确各阶段任务、将任务落实到执行组织和人员、制定相应的规章制度、明确每个人的工作职责。其次要做好物质准备工作，对物质进行筹措和部署。最后要对人员进行培训，合理调配人力资源，制定考核、选拔、奖惩制度。

实施过程中要做好沟通和协调。在营销计划的控制过程中，为防止出现失误、偏差，并能及时发现问题、解决问题，使计划按照原来的方向顺利实施，要在实施过程中做好监督和检查，采用定期检查和不定期检查两种形式进行监督，确保计划实施，也可以利用信息反馈系统进行控制。

单元四　服装行业未来发展与营销创新

经济的发展，科技的进步，不断改变着人们的生活方式，对各行各业都产生了极大影响。科技创新为服装设计生产的变革提供了可能，带来了革新。

一、服装设计逐渐走进智能化

服装 CAD（Computer Aided Design）技术，计算机服装设计技术，是计算机科学和技术在服装行业的应用。软件上的服装设计在智能化的方向又前进了一步。传统的手工绘画设计逐渐转化成电脑绘画，二维款式设计软件取代手绘，3D 设计软件将设计、试衣、服装设计走秀在虚拟世界完美展示。在 3D 服装设计软件窗口界面，能实时查看虚拟样衣设计进展，可以看到款式设计、服装廓形以及面料和设计产品的最终效果，顾客和设计师之间可以进行沟通，设计师可以根据消费者的需求不断修改。设计产品直接以虚拟样衣的形式出现，设计师和客户之间可以随时就面料、色彩、材质进行个性化调整，能节约成本，提高客户满意度（图 1-1）。

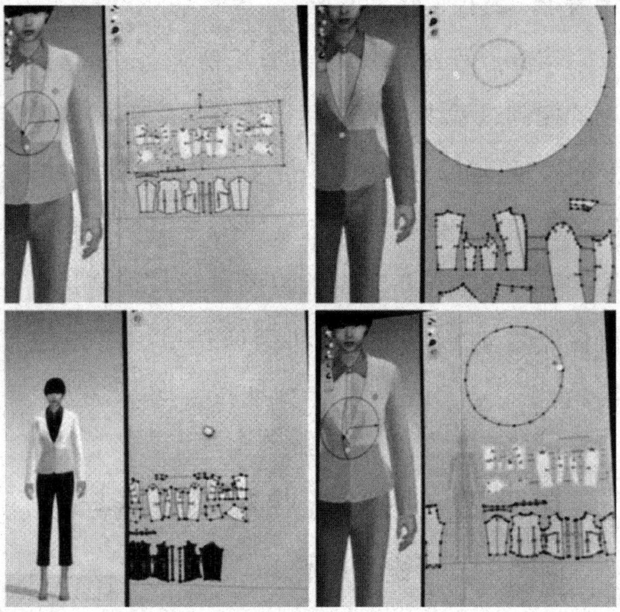

图 1-1　服装产品 3D 设计图

二、数字化引领未来服装生产工艺

服装 CAM（Computer Aided Manufacture）技术，即计算机服装制作技术，是将计算机辅助制造技术应用于服装生产工艺过程中，包括全自动裁床、全自动拉布、验布机、预缩机、铺布台、吊挂生产流水线等。服装 CAM 技术的应用给服装企业的生产工艺、服装裁剪制作质量、内部管理等带来巨大变化，且提高了企业总体效率。服装科技设备的深入研究、开发，使得越来越多的高效率、自动化的设备代替传统服装设备，特种设备的应用改变了传统的缝纫加工车间，提升了整个生产车间的生产效率，印花、绣花等特种设备的产生使得个性化设计在生产工艺上具有可行性。

三、信息技术覆盖服装市场全过程

服装 CIMS（Computer Integrated Manufacturing System），即计算机集成制造系统，是指在计算机技术的支持下，将服装从订单开始，涵盖设计、生产、检测、管理及贸易各个环节。服装 CIMS 系统的应用能够将服装企业各个环节的工作量降到最低，充分发挥企业综合优势，提高服装企业应对行业变化的快速反应能力，进而提高企业在市场上的竞争能力。

四、服装新材料不断涌现

随着物质生活水平的提高，物质的极大丰富，消费者对服装的功能性、舒适性要求越来越高，科技的进步使得材料的改性、新材料的研发成为可能。

新型天然纤维包括天然彩色棉（图 1-2）、有机棉等。天然彩色棉具有天然色素，不需要化学试剂进行染色加工。因此，天然彩色棉无污染，是绿色环保产品，健康安全，同时降低了生产成本，深受消费者喜爱。有机棉具有生态、绿色、环保的特性，织物光泽亮丽、手感柔软。

图 1-2　天然彩色棉

改性动物纤维包括丝光羊毛（图 1-3）、防缩羊毛、拉细羊毛等。丝光羊毛是指利用化学方法剥除部分或全部羊毛的鳞片，同时处理羊毛表面，获得丝光的效果。丝光羊毛表面丝般光滑、

图 1-3　丝光羊毛面料

手感滑爽，成品服装可达到机洗标准。防缩羊毛是先将羊毛进行剥鳞片处理，然后进行树脂处理。羊毛进行防缩处理染色就不会收缩，光泽没有变化。拉细羊毛是通过化学技术，使羊毛大分子之间的氢键、盐式键和二硫键断开，在适合的湿度下进行拉伸，定型细化，满足轻薄化，四季可穿。

再生纤维素纤维有 Lyocell 纤维（溶解性纤维）、Modal 纤维（高湿模量）、Richcel（丽赛、综合性能）、竹纤维、大豆蛋白纤维、玉米纤维、牛奶蛋白纤维等。其中最常用的是大豆蛋白纤维，是以大豆废粕为原料，利用新技术，将豆粕中的蛋白质分离，经过处理，改变蛋白质空间结构，制成大豆蛋白质纺丝原液，生产出大豆蛋白纤维。大豆蛋白纤维具有很好的吸湿透气性，织物光滑，广泛应用于内衣行业。

差别化纤维是指在原来纤维的基础上，利用物理方法或化学方法进行处理，使纤维在性能上获得改善。包括异形纤维、超细纤维、高吸湿性纤维、阻燃纤维和抗静电纤维等。

异形纤维是指非圆形截面形态的纤维，其最大特征是独特的光学效果，由于光的反射，会具有光泽、闪光的视觉效果。同时其蓬松性好，织物手感好，吸湿透气性好（图 1-4）。

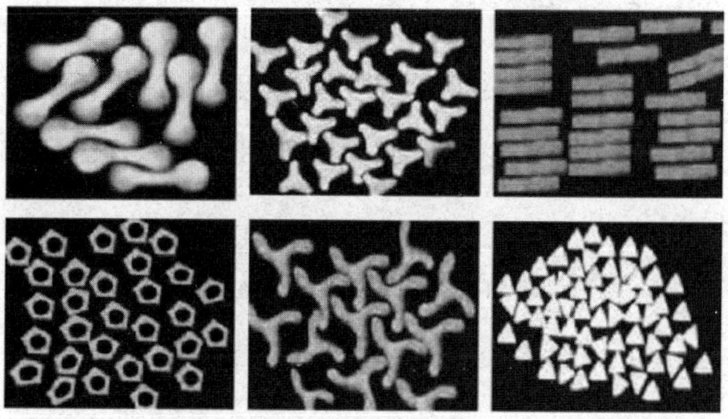

图 1-4　异形纤维截面

五、多渠道营销模式创新

随着计算机、网络技术的发展，电子商务成为营销渠道异军突起的一支重要力量。

2018 年，中国服装市场规模达到 9870.4 亿元，网上服装类商品零售额增长速度达到 22%，随着居民消费水平的提升和服装电商的不断优化，预计未来服装电商的市场规模将进一步扩大（图 1-5）。

图 1-5　2010－2019 年上半年中国服装类商品零售额及增长趋势

“95 后”“00 后”消费能力快速增长，已成为消费的主力军和引领者。被称为“Z 世代”，是消费的新用户群体。人们对网络技术的熟练应用，使得网络购物比例逐渐增大，实体店的展厅功能被放大。

实　训

1. 模拟服装企业成立营销团队，建设团队文化。

2. 以团队为单位选择服装目标品牌，进行市场调研，调研内容包括：品牌是如何进行客户关系维护的?

3. 调研目标品牌的历史、品牌理念。

4. 形成调研报告，进行课堂分享。

PPT课件

项目二

服装基础知识

服装市场营销是营销专业知识和服装基础知识的有机结合。掌握服装基础知识，能让服装市场营销更专业，更能得到消费者的认可。服装基础知识内容包括服装商品知识和服装专业知识。

引入案例：

2020春夏面料流行趋势预测：更自然，更逼真

1. 渐变扎染

2019春夏T台上充斥着扎染和渐变色服装，这一趋势将持续流行至2020年。在极具影响力的Dior品牌的推动下，图案成为重要参考。值得关注的是，彩色迷幻扎染不仅适合年轻市场，还适用于更商业化的百搭单品。柔和的同色系渐变色既符合潮流，又能凸显女性柔情。

2. 锁链印花

围巾印花仍是女装最热门的趋势之一。受Versace兴起的20世纪90年代巴洛克风格印花影响，镀金的锁链是最新的开发元素，与花朵、海洋、船锚拼接，还可以搭配贝壳等海洋生物，使印花外观更完美。

3. 蛇皮纹

印花兽皮纹在各种单品中都很流行。2019春夏T台上的印花兽皮纹同年增加超过一倍之多！兽皮纹中，蛇皮继豹纹、斑马纹后成为最新设计元素，全新的配色可以营造各类主题。亮色适合前卫市场，同色系更加保守和百搭。

（资料来源：FDC面料图书馆 https://www.sohu.com/a/280652562_526635）

问题引出：

1. 面料流行趋势的应用？

2. 简要说一说面料和品牌之间的关联。品牌如何借用面料流行趋势来设计产品？

单元一　服装商品知识

一、服装概念

（1）**衣裳**：《说文解字》："上曰衣，下曰裳。"古人最早下身穿的是一种类似裙子一样的"裳"。后也泛指衣服。

（2）**衣服**：今泛指身上穿的各种衣裳服装。

（3）**服饰**：装饰人体的物品总称，包括服装、鞋、帽、袜子、手套、围巾、领带、配饰、包、伞等。

（4）**服装**：是衣服鞋包及装饰品等的总称。

（5）**时装**：通常与时尚、流行等并行提出。指款式新颖而富有时代感的服装，时间性强，每隔一定时期流行一种款式。采用新的面料、辅料和工艺，对织物的结构、质地、色彩、花型等要求也较高，讲究装饰、配套，在款式、造型、色彩、纹样、缀饰等方面不断变化创新、标新立异。

（6）**成衣**：指按一定规格、号型标准批量生产的服装成品，是相对于量体裁衣式定做和自制衣服而出现的一个概念。成衣作为工业产品，符合批量生产的经济原则，生产机械化，产品规模系列化，质量标准化，包装统一化，并附有品牌、面料成分、号型、洗涤保养说明等标识。

（7）**高级成衣**：高级成衣，译自法语 Pret-a-porter，是指在一定程度上保留或继承了 Haute couture（高级定制服）的某些技术，以中产阶级为对象的小批量、多品种的高档成衣。

（8）**高级时装**：高级时装是法国优秀的传统服饰文化，诞生于 19 世纪中叶，高级时装也称高级定制装，源于欧洲古代及近代宫廷贵妇的礼服。高级时装业是一个独立的世界，有着自己的一套规则和不同的表达方法。

二、服装功能

随着人们对服装的不同需求和认知，服装的功能也在不断发生变化。

1. 保护功能

为了适应气候的冷暖变化，保护身体不受外界伤害，人类开始穿用服装。最初的衣服多用兽皮制作，而裹身的最早"织物"是用麻和草等纤维制成。服装发展到现在，其功能性越来越广泛，比如防辐射、防尘、防电、防弹等。

2. 遮羞功能

随着人类文明的演化，羞耻心理渐萌，服装已不再局限于最初的保护功能，遮羞功能逐渐强化。

3. 标志功能

在原始社会，以服饰来标识社会地位就已经存在，在现代社会中，服饰的社会功能仍然存在，并以不同形式表现。透过服装就可以区分出身份、地位、角色、兴趣等隐性特征，如制服、职业服等。

4. 审美功能

随着人类社会的进步和发展，人们对于服装已不再满足于实用，对于审美的追求在不断发生着变化，各种思潮、文化、艺术形式都会使服装具有更强的时代特征。

三、服装分类

服装在发展的过程中，根据年龄、性别、功能、材质、款式、加工方式、用途等不同角度形成了各自不同的种类。

1. 根据年龄划分类

一般分为婴幼儿服装、儿童服装、少年服装、青年服装、中年服装、老年服装。

2. 根据性别分类

分为男装、女装。

3. 根据用途分类

分为礼仪服装、日常生活服装、运动服装、工作服装、舞台表演服装。

4. 根据季节分类

分为春装、夏装、秋装、冬装。

5. 根据服装材料分类

分为针织服装、化纤服装、棉质服装、丝绸服装、麻质服装、皮革服装、纯毛服装等。

6. 根据服装风格分类

分为淑女服装、简约风格、韩版风格、波西米亚风格、民族风格、通勤风格、嘻哈风格、巴洛克风格、洛可可风格等。

7. 根据服装基本形态分类

分为体型型、样式型和混合型。

8. 根据穿着顺序分类

分为内衣、外衣。

9. 根据特殊功能分类

分为消防服、潜水服、飞行服、登山服、宇航服等。

单元二　服装专业知识

一、服装材料

服装材料一般分为服装面料和辅料。

（一）面料

服装面料作为服装的三大要素之一，对色彩、造型的表现效果起着重要作用。它不仅可以诠释服装的整体风格和特性，而且在细节表现中是设计师经常使用的重点开发和设计的要素。

1. 棉布

棉布是各类棉纺织品的总称。它多用来制作时装、休闲装、内衣和衬衫。它的优点是：轻松保暖，柔和贴身、吸湿性、透气性甚佳。它的缺点则是：易缩、易皱，外观不够挺括美观，在穿着时必须时常熨烫。

2. 麻布

麻布是以大麻、亚麻、苎麻、黄麻、剑麻、蕉麻等各种麻类植物纤维制成的一种布料。一般被用来制作休闲装、工作装，也多以其制作普通的夏装。它的优点是：强度极高，吸湿、导热、透气性甚佳。它的缺点则是：舒适度较差，外观较为粗糙、生硬。

3. 丝绸

丝绸是以蚕丝为原料纺织而成的各种丝织物的统称。与棉布一样，它的品种很多，个性各异。它可用来制作各种服装，尤其适合制作女士服装。它的优点是：轻薄、合身、柔软、滑爽、透气、色彩绚丽，富有光泽，高贵典雅，穿着舒适。它的缺点则是：易生褶皱，容易吸身、不够结实、易褪色。

4. 尼绒

尼绒又叫毛料，它是对用各类羊毛、羊绒织成的织物的泛称。它通常用来制作礼服、西装、大衣等正规、高档的服装。它的优点是：防皱耐磨、手感柔软、高雅挺括、富有弹性、保暖性强。它的缺点则是：洗涤较为困难，不适用于制作夏装。

5. 皮革

皮革是经过鞣制而成的动物毛皮面料。它多用以制作时装、冬装。又可以分为两类：一是革皮，即经过去毛处理的皮革；二是裘，即处理过的连皮带毛的皮革。它的优点是：轻盈保暖、雍容华贵。它的缺点则是：价格昂贵，贮藏、护理方面要求较高，故不易普及。

6. 化纤

化纤是化学纤维的简称。它是利用高分子化合物为原料制作而成的纤维纺织品。通常分为再生纤维与合成纤维两大类。它们共同的优点是：色彩鲜艳、质地柔软、悬垂挺括、滑爽舒适。它们的缺点则是：耐磨性、耐热性、吸湿性、透气性较差，遇热容易变形，易产生静电。它虽可用以制作各类服装，但总体档次不高，难登大雅之堂。

7. 混纺

混纺是将天然纤维与化学纤维按照一定的比例混合纺织而成的织物，可用来制作各种服装。它的长处是：既吸收了棉、麻、丝、毛和化纤各自的优点，又尽可能地避免了它们各自的缺点，而且在价格上相对较为低廉，所以大受欢迎。

（二）辅料

服装辅料是指除了面料以外，运用于服装上的一切材料。服装辅料主要包括衬布、里料、拉链、纽扣、金属扣件、线带、商标、絮料和垫料等。

（1）**里料**：棉纤维里料、丝织物里料、黏胶纤维里料、醋酯长丝里料、合成纤维长丝里料。

（2）**衬料**：棉布衬、麻衬、毛鬃衬、马尾衬、树脂衬、黏合衬。

（3）**垫料**：胸垫、领垫、肩垫、臀垫。

（4）**填料**：絮类填料、材料填料。

（5）**缝纫线**：棉缝纫线、真丝缝纫线、涤纶缝纫线、涤棉混纺缝纫线、绣花线、金银线、特种缝纫线。

（6）**系和材料**：纽扣、拉链、其他扣紧材料。

（7）**其他材料**：带类材料、装饰用材料、标示材料、包装材料。

二、服装号型

服装号型是设计批量成衣的规格和依据。从1992年4月1日起，全国开始实施统一的GB 1335—1991《服装号型》国家标准，它是由纺织工业部制定、国家技术监督局批准发布的，为此，原来的GB 1335—1981服装标准即行废止。

新标准全套共有男子、女子、儿童三项独立标准，其中男子和女子两项属于强制执行标准，儿童作为推荐性标准。新标准是以身高、净体胸围、净体腰围以及腰落差作为号型命名的依据。

（一）号型定义

号：是指人体的身高，以cm为单位表示。号是设计和选购服装长短的依据。其影响的服装尺寸是衣长、袖长、裤长。

型：是指人体的净胸围与净腰围，以cm为单位表示。型是设计和选购服装围度的依据。其影响的服装尺寸是腰围、臀围。

（二）号型的表示方法

号型表示方法为：“（号）/型、（体型代号）”。其中“号”表示身高，“型”表示净体胸围或净体腰围；“体型代号”表示胸围与腰围尺寸之差，以Y、A、B、C表示。例如，身高170cm，胸围为88cm，腰围为73cm的男子，那么选择服装的号型就应该是170/88A的上衣，170/73A的裤子（表2-1）。

表 2-1　　　体型分类代号与范围　　　单位：cm

体型分类代号	Y	A	B	C
胸围与腰围之差数（男子）	22～17	16～12	11～7	6～2
胸围与腰围之差数（女子）	24～19	18～14	13～9	8～4

（三）儿童号型

儿童服饰的号型没有男女之分。在新号型中，分子部分表示身高尺寸，分母部分表示净体胸围或净体腰围尺寸。

三、服装洗涤、熨烫知识

现在，人们保养服装的方法主要是熨烫、洗涤和保藏。作为服装营销人员，掌握正确的熨烫、洗涤方法，才能为消费者做专业性的指导。在服装生产企业，洗水标或洗水唛起到向消费者说明洗涤熨烫方面注意事项的作用（表 2-2）。

表 2-2　　　常用的洗涤熨烫标志及说明

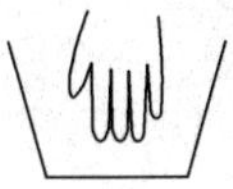
【只能手工洗涤】

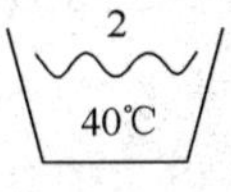

【波纹以上的数字表示洗衣机的速度，波纹以下的数字表示水温不超过 40℃】

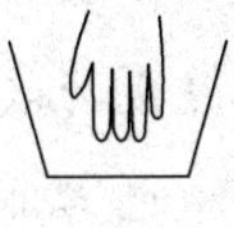
【可以水洗】

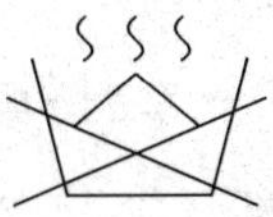
【洗涤时候不可以用沸水】

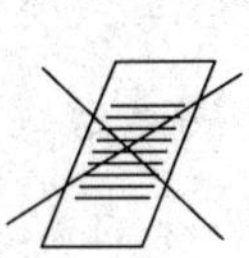
【洗涤时候不可以用洗衣板】

【可以干洗 A 表示所有类型的干洗剂均可以使用】

【只能用于石油类干洗剂干洗】

【可以用于各种干洗剂干洗】

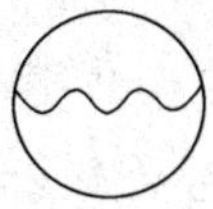
【可以用于汽油干洗　不可以用汽油则打红色×标记】

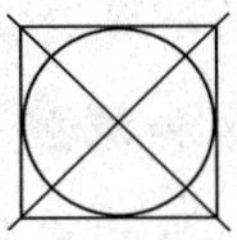
【不能使用滚筒式干洗机洗涤】

续表

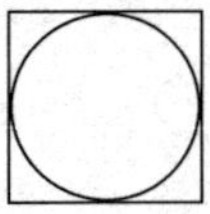
【可以使用滚筒式干洗机洗涤】

【可以使用洗衣机洗涤但必须使用弱档洗，水温不可以超过 40℃，“中性”表示洗涤剂的性质应不中性】

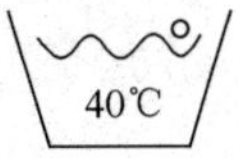

【涵义与上相同】

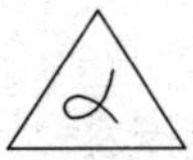
【可以使用含氯洗涤剂或用含氯漂白剂漂白，要加倍小心】

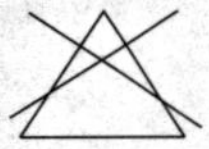
【不能使用含氯洗涤剂，也不能用含氯漂白剂漂白】

【漂白时要使用含氯漂白剂】

【脱水后吊挂晾干】

【脱水后吊挂晾干】

【不可以吊挂晾干】

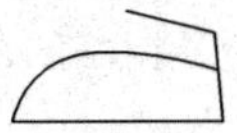
【可熨烫，最高温度不超过 210℃】

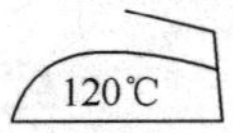

【可熨烫，最高温度不超过 120℃】

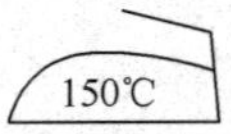

【熨烫时须在衣物上垫一层布，最高温度不超过 150℃】

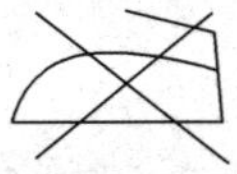
【不可熨烫】

【可用手拧去多余水分，或短时间弱速脱水】

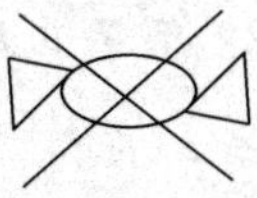
【不可扭拧或脱水，只能用于轻挤出多余水分后平放晾干】

实　训

1. 调研目标品牌的常用面料及特性。

2. 调研面料风格特征与品牌特征之间的关联。

PPT课件

项目三

服装市场营销环境分析

任何一个服装企业的生产经营都要在宏观不可控环境因素和微观不可控环境因素下进行，企业无法改变宏观环境和微观环境，只能对其进行分析，结合企业实际，改变企业的市场营销策略来充分利用市场营销机会，可避免和减轻威胁。

引入案例：

经典传奇、无限未来：李宁2019春夏系列巴黎发布会成功举办

中国经典运动品牌李宁2019春夏设计系列初战巴黎时装周。以创始人、传奇体操运动员李宁之名，以他卓越的成就和盛世传奇作为品牌传承的焦点与灵感，中国李宁的形象通过此次发布会的服饰及鞋履设计，以丰富的图形及美学语言完美表达。在前卫与现代感十足的基调中，Oversize板型、创新面料、街头感十足的廓形和有冲击力的撞色设计，都展现出品牌自经典之中传承而来的深厚积淀。

1982年第6届世界杯体操比赛中，李宁一人夺得男子全部7枚金牌中的6枚，创造了世界体操史上的神话，获得"体操王子"的美誉。1984年，他再次以"三金两银一铜"的骄人战绩成为洛杉矶夏季奥运会上的闪耀之星。无数经典时刻铸造的时代传奇成就了中国李宁的2019巴黎时装周，"Leaning on Li-Ning"和"The Legend Begins"等细节装饰将李宁的热血精神再次呈现。

此次发布会的整体服饰系列将李宁传奇与中国骄傲相结合，在结构设计中，通过一系列出人意料的色彩搭配来表现。橄榄绿、淡紫色、柠檬绿和代表中国特色的鲜红与亮黄色都成就了李宁2019春夏系列的独一无二。单袖卫衣搭配廓形感打褶长裤和超长垂坠腰带，水袖运动上衣和落肩夹克等单品通过丰富的色彩和面料层次强化了纹理质地，制造了搭配上的冲突感。同时，别出心裁地通过色彩丰富的体操服饰造型和强烈的撞色搭配强化服装造型的动感和流畅性。最后，两件源自柏林品牌Random Identities的白色睡衣风上衣则装饰了中文字样，一为"中国李宁"，另一个则是"任意身份"。

1990年，"中国李宁"在对激发人类身体无限潜能的追求中诞生。"我们的品牌承载着运动员的强

悍基因。”李宁先生描述道：“‘中国李宁’之所以诞生，原因非常简单，我们要让中国运动员可以穿着自己的民族品牌服装登上奥运领奖台，将中国文化推向世界舞台。”

2019春夏系列对“中国李宁”和李宁本人都是极其重要的里程碑。李宁说：“通过这个系列，我们重新探知了‘中国李宁’的核心本源和其出现的时代。我们想致敬‘中国李宁’诞生的时代，同时通过科技、美学和创新来连接当下，这也是对‘中国李宁’无限传奇的全新解读。”

（资料来源：人民网：http://world.people.com.cn/n1/2018/0623/c1002-30078261-5.html）

问题引出：

1. 李宁的巴黎时装周发布会是在什么环境背景下开始的？

2. 调研李宁服装品牌的历史、品牌理念、经营过程中遇到的困难，了解其是如何解决的。

单元一　服装市场营销环境概述

一、服装市场营销环境含义

服装企业的营销活动是在一定的市场环境下进行的，这种营销活动一定会受到各种条件的制约，包括企业自身的因素和企业外部的环境因素。服装企业市场营销环境是指影响和制约服装企业营销活动有关的内部、外部因素的总和。服装市场营销环境包括宏观环境和微观环境两大类。

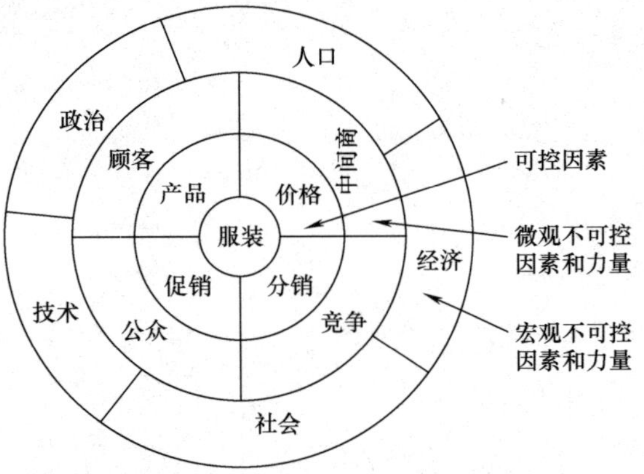

图 3-1　影响市场因素

服装企业市场营销宏观环境包括人口、经济、政治法律、自然、科学技术和社会文化环境等企业不可控因素，这些因素可以给企业带来机会，也可能带来威胁。企业应认真分析各种因素，巧妙利用机会，减弱或化解危机。服装企业微观不可控因素是指企业自身、供应商、营销中介、顾客和竞争者。这些因素是与企业紧密相联，能够直接影响企业营销能力和实施效果的各种因素。

二、服装市场营销环境的特征

1. 客观性

客观性是指无论是宏观环境还是微观环境，都是不以服装企业的意志为转移的，是客观存在的，它有着自己的运行规律，企业不能跳开和控制营销环境，因此，服装营销企业的营销活动只能去适应和分析每一次营销活动面临的外界市场营销环境，制定相应的营销策略。例如，2013年爆发的禽流感，使得大量的禽类被捕杀，致使羽绒价格急剧攀升，对生产羽绒服的企业造成很大影响，面对原材料上涨这样的不可抗力，已有企业想办法开发代替品。比如有些企业开发“假羽绒”向顾客推荐，其原材料是棉布，保暖性能与羽绒相去无几，价格更有优势，不过在销售环节需要向顾客进行说明，但说服并不是很容易。

2. 差异性

服装企业营销环境客观来说存在很多差异性，不同国家、不同地区、不同民族在人口、经济、政治法律、科学技术、自然环境和社会文化环境方面都存在较大的差异。这些差异有些是自然差异，有些是社会差异。服装企业必须正确面对这些差异，认真研究，仔细分析，制定不同的营销策略。例如，肯德基为了适应中国消费者的饮食习惯，其精心烹制的美食由原来的炸鸡、汉堡、蛋挞发展到后来的豆浆、油条。如今，一句广告语“肯德基出饭啦”让越来越多的中国人走进了 KFC 的大门。面对同行业的竞争，KFC 早已意识到，只有迎合中国人的胃口，才能在中国得以持久发展。如果哪一天肯德基开始卖炸鸡馅的饺子，消费者都不会感到奇怪，因为他们越来越接近中国消费者的饮食习惯。在服装上，南方服装的号型偏小，北方服装的号型偏大，季节上也有时间差，企业可以根据时间差，进行产品的调配，改善企业的库存。

3. 相互关联性

相互关联性指的是服装市场营销环境各个影

响因素之间不是各自独立的，是相互联系、相互依存和相互作用的。如果一家服装企业的目标顾客为18~28岁的年轻女孩，那么企业在制定营销策略时，就要分析目标人群的收入、生活方式、生活环境的特征，以及企业在开发产品时，面料开发的先进性等多方面影响因素，才能开发出适合市场环境的产品。

4. 动态变化性

服装营销环境的各个影响因素不是一成不变的，它是动态变化的，企业的营销活动必须不断调整，以适应不断变化的环境。例如，随着人们生活水平的提高和节假日的增多，越来越多的消费者选择旅游作为度过假期的方式，因此，休闲服市场成为很多服装企业争相开拓的市场。

5. 不可控性

服装营销环境的不可控性是指影响服装营销市场环境的因素是不以人的意志为转移的，是客观存在的，不会按着企业的意愿去发展，企业只能调整自己的可控因素去适应外界环境的变化。例如，一个国家的政治法律制度、经济发展、科技进步、社会文化发展，企业是不可能控制的。

6. 企业自我调节性

虽然前面讲到服装营销环境具有客观性和不可控性，但并不是说企业面对外界营销环境无能为力，坐以待毙，服装企业面对各种营销环境时，可以调整内部营销环境，去适应或利用市场营销环境，最终使企业的营销行为得以良性发展。

三、分析服装市场营销环境的意义

1. 分析市场营销环境，是企业开展营销活动的基础

服装营销环境包括宏观不可控因素和微观不可控因素，企业的所有营销活动都必须在各种营销环境下进行，因此，企业必须全面了解营销环境，分析这些因素，才能制定出合适的营销策略。同时，通过分析企业面临的市场营销环境，可以预测外部环境对企业营销活动的影响，制定相应措施。例如，企业生产户外服装产品，就要了解户外用品的目标顾客数量、他们的地区分布、户外运动区域的自然环境、目标顾客的经济收入、原材料市场的最新技术、目标顾客的社会文化特点，所以分析市场营销环境，是企业开展营销活动的基础。

2. 分析市场营销环境，可以为企业带来营销机会

企业的市场营销活动不是孤立进行的，这些营销活动的实施是在一定的营销环境下完成的，企业必须进行充分的市场调研，分析营销环境，判断营销环境中可能出现的不利企业营销活动的因素，服装企业需要对企业自身情况进行分析，从而决定是规避风险还是挑战。通过分析营销环境，服装企业完全有可能发现新的营销机会，找到企业市场的空缺，分析机会，采取全面开发或稳步推进的策略。例如，通过分析服装面料、服装工艺新技术，可以为服装企业提供设计素材，开发新产品。

3. 分析市场营销环境，是企业制定营销策略的依据

服装企业在制定营销策略时，首先应分析营销环境，包括宏观环境和企业自身、供应商、顾客、竞争者等微观不可控因素，依次制定产品、价格、渠道和促销等营销策略。服装企业在策划具体营销活动时，首先应分析宏观环境，目标顾客群体所处的经济、政治法律、自然环境、社会文化环境等，结合微观环境，分析目标顾客的特征，具体策划产品线、制定价格策略、安排销售渠道，决定用何种促销方式进行促销。例如，在网络技术如此发达的今天，没有哪个企业肯放弃互联网这个销售渠道。

相关链接：

疫情下的企业应变

一场疫情，加速了零售企业线上布局的速度，直播经济也如同坐上了火箭，势不可挡。

万物皆可播的今天，服装是直播间最常见的品类，打开淘宝或天猫上任意一家服装店，几乎没有不在"直播 ing"，直播正在成为服装品牌保卫增长、誓死守护的新阵地。

在 2020 天猫服饰风尚商家内容盛典上，女装品牌伊芙丽以近 8000 万元的销售额、天猫服饰全行业排名成交前三的成绩斩获了直播成交王牌奖。

从 2016 年年初试水直播到 2017 年开展直播业务规划人员和直播间，2018 年正式拥有独立的直播间和专职的直播运营人员，伊芙丽成为天猫女装最早开始做旗舰店直播的团队和品牌。如今，这番耕耘迎来收获，伊芙丽居于直播天猫服饰榜单 TOP5，直播成交榜单稳定在 TOP3。

疫情期间，全国线下零售门店几乎断流，直播成为一众服饰零售品牌紧紧抓在手里的"救命稻草"，从直播频次到开播时长，纷纷加足马力。以伊芙丽为例，2020 年 2—3 月开播场次达 60 场，开播时长共近 360 小时，引导成交销售额 2000 万元。

（资料来源：女装网：https://www.nz86.com/article/4adb62c2723a1ff40172403986cb005a/）

单元二　服装市场营销宏观环境分析

服装市场营销宏观环境通常指企业不可控制的因素，是指一个国家或地区的政治、经济、文化等状况。它虽然是企业不可控因素，但是企业通过环境分析，利用企业的相关资源，调整内部可控因素，可以减弱宏观因素的影响，甚至可以利用宏观环境的变化，创造发展企业的机会。宏观环境主要包括人口环境、经济环境、政治法律环境、自然环境、技术环境和社会文化环境。

一、人口环境

人口是构成市场的第一要素。人口环境对服装市场营销的影响包括人口数量、区域分布、年龄结构、家庭规模、性别结构、民族特征、体型特点等方面。

1. 人口数量和地域分布

对服装市场而言，人口的多少直接决定市场的潜在容量，人口数量越多，对服装市场的需求量就越大。即使是消费水平低下的地区，人口数量也直接影响服装产品的需要。相反，人口数量的增长也会导致人均收入下降，从而降低购买力，人口数量的增长会使房价、运输成本增加，从而使企业的总成本上升。

人口的地域分布对服装市场需求有很大影响。人口分布密集的地区服装业也很发达，服装需求量也必然很多。资料显示，我国总人口的 94%左右，主要集中在东南沿海一带，而西北地区人口约占 6%，且人口密度逐渐由东南向西北递减。另外，城市的人口相对比较集中，尤其是大城市人口密度很大，在我国就有上海、北京、重庆等好几个城市的人口超过 1000 万，而农村人口则相对分散。服装品牌集中度也是在大城市居多，然后向小城市发展，同样，服装的流行趋势也是由发达城市开始传播的。另外，人口的地域分布不同，消费者的购买行为也不同。我国分布在不同地区的 56 个民族，在衣食住行各个方面表现出很大的差异。

2. 年龄结构

不同年龄的消费者对服装商品的需求不一

样。年龄结构是企业目标市场选择的最主要的影响因素，直接关系到市场需求总量。企业在对目标市场按照年龄结构划分时，通常分成六个年龄段：学龄前儿童、学龄儿童、青少年、25～40岁的年轻人、40～65岁的中年人和65岁以上的老年人。企业根据选择目标市场的年龄结构消费者的不同特征，制定相应的营销策略。

目前，我国人口的年龄结构呈现以下三个特点：

（1）**接受基础教育年龄人口比重将会缩小。**

（2）**劳动年龄人口比重略有增大。**

（3）**随着我国二胎政策的开放和人口老龄化进程迅速，老年人口比重不断上升。**在今后20年内，婴幼儿和少年儿童用品及结婚用品的需求将明显增长，老年人的需求呈现高峰。这样，诸如婴幼儿用品、结婚用品、保健用品、营养品、老年服装等用品将成为潜在大需求的行业。企业可以通过分析年龄结构特点，有针对性的发现新市场空缺，开发产品，满足市场需求。

3. 家庭规模和结构

家庭是购买、消费的基本单位。家庭的数量以及家庭中平均人口的多少直接影响到某些商品的消费数量。在我国，“四代同堂”现象已不多见，三口之家逐渐成为主要户型，并逐步由城市向乡镇发展。世界上普遍呈现家庭规模缩小的趋势，越是经济发达地区，家庭规模就越小。丁克家庭、单亲家庭、独身家庭的数量也开始上升，家庭数量的剧增必然会引起对炊具、家具、家用电器和住房等需求的迅速增长。例如，有收入和购买能力的学生；单身贵族；双职工没有孩子的家庭；双职工有孩子的家庭；低收入的城市职员；富裕的老年人等。这些人群都有对固定类型的产品与服务以及媒体与零售店的偏好，这就使得市场营销人员能够进一步改进自己的产品，同时也改变了消费者对服装产品的需求。

4. 性别结构

性别不同，其市场需求也有明显的差异，反映到市场上就会出现男性用品市场和女性用品市场。男女在性别上的差异，使得在购买行为上有很大不同，男性消费者在购买行为上表现出购买行为的目的性与理智性，购买动机形成迅速与被动性以及购买过程的独立性与缺乏耐性；而女性消费者在购买行为上则表现为购买行为的主动性与灵活性，购买行为的情绪性，购买行为的波动性以及购买行为的多样化和个性化。在我国市场上，妇女通常购买自己的用品、杂货、衣服，男子购买大件物品等。但随着时代的发展，反性别消费和中性装成为服装市场的亮丽风景。不少人认为，反性别消费是从女装狂吹制服风开始的。在20世纪末的一个时期，制服一度充斥着社会各个部门。不过女士们所穿的各种各样带有明显制服特征的服装并没有给人规范、死板的印象，反而为女性的温柔妩媚平添了一丝英姿飒爽，那种男女都可以穿的休闲款服装往往卖得很火，这不仅说明了女装的中性化，也说明男装开始向女装靠拢。

5. 民族结构

我国是个多民族的国家，除了汉族以外，还有50多个少数民族。民族不同，其生活习性不同，文化传统也不相同，反映到市场上，就是各民族的市场需求存在着很大的差异（图3-2）。

在服装上，我国各民族都有自己的特点，每个少数民族都有自己民族特征的服饰。因此，企业营销者要注意民族市场的营销，重视开发适合各民族特性、受其欢迎的服装产品。

6. 体型特征

人体的形体特征是服装造型的依据。为了使服装符合人的生理特点，服装设计人员要充分

图 3-2 民族风服饰

了解人体体型，通过合理设计服装结构，达到服装展示人体美的目的。同样，消费者在选择服装时，也非常重视服装的合体性。以人体的胸围和腰围的差数为依据，将人体体型划分为 Y、A、B、C 四种体型。其中 Y 为宽肩细腰型；A 为标准型；B 为腹部略凸型；C 为腰围尺寸接近胸围尺寸，属于肥胖型。胸腰落差在这些标准之外的属于特殊体型。

二、经济环境

经济环境是指影响企业市场营销活动的经济因素，包括直接影响营销活动的经济环境因素和间接影响营销活动的经济环境因素。

（一）直接影响营销活动的经济环境因素

1. 消费者收入水平

市场构成要素包括人口、购买欲望和购买能力，仅有前两者并不能形成有效市场，所以消费者的收入水平决定消费者的购买力水平，最终决定企业实际市场购买量的多少。

消费者收入是指消费者个人从各种来源中所得的全部收入，包括消费者个人的工资、退休金、红利、租金、赠予等收入。消费者的购买力来自消费者的收入，但消费者并不是把全部收入都用来购买商品或劳务，购买力只是收入的一部分。消费者收入通常讨论以下几个指标：

（1）**人均国民收入**：指一定时期内，一个国家的国民收入总量除以总人口的比值。这个指标大体反映了一个国家人民生活水平的高低，也在一定程度上决定了商品需求的构成。一般来说，人均收入增长，对消费品的需求和购买力就大，反之就小。根据近 40 年的统计，一个国家人均国民收入达到 5000 美元，机动车可以普及，其中小轿车约占一半，其余为摩托车和其他类型车。

（2）**个人可支配收入**：指在个人收入中扣除税款和非税性负担后所得余额，它是个人收入中可用于消费支出或储蓄的部分，它构成实际的购买力。

（3）**个人可任意支配收入**：这是在个人可支配收入中减去用于维持个人与家庭生存不可缺少的费用（如房租、水电、食物、衣着等项开支）后剩余的收入。这部分收入是消费需求变化性最大的因素，也是企业营销活动中最能争取的部分。个人可任意支配收入是用于非生活必需品的消费，形成享受性消费动机和发展性消费动机，一般用于购买高档消费品、旅游产品或提高自身素质的学习类产品。

2. 消费者支出模式和影响因素

消费支出模式是指消费者收入变动和需求结构之间的对应关系。对于消费者来说，收入一定的情况下，就需要根据自己对产品的急需程度，对消费的产品进行排序，一般是先满足生存性消费，然后才是享受性消费和发展性消费。

消费者支出模式主要受消费者收入、家庭生命周期以及家庭所在地的影响。消费者收入水平的变化，往往会影响消费者的支出，这个问题通常用德国统计学家恩格尔提出的恩格尔定律来

说明。恩格尔定律表述如下:

(1)随着家庭收入的增加，用于购买食品的支出占家庭收入的比重会下降。

(2)随着家庭收入的增加，用于住宅建筑和家务经营的支出占家庭收入的比重大体不变。

(3)随着家庭收入的增加，用于其他方面的支出和储蓄占家庭收入的比重就会上升。

消费者支出模式受家庭生命周期的影响。家庭有没有小孩的阶段消费支出有很大差别。据调查，没有孩子的年轻人家庭，往往把更多收入用于购买冰箱、电视机、家具、陈设品等耐用消费品上；而有孩子的家庭，则在孩子的娱乐、教育等方面支出较多，而用于购买家庭消费品的支出减少。当孩子长大独立生活后，家庭收支预算又会发生变化，用于保健、旅游、储蓄部分就会增加。消费者支出模式还受家庭所在地的影响，如家庭住在农村与住在城市的消费者相比，前者用于交通方面支出较少，用于住宅方面支出较多，而后者用于衣食、交通、娱乐方面的支出较多。

3. 消费者储蓄和信贷

(1)储蓄。消费者的收入不可能全部花掉，消费者的可任意支配收入有一部分以储蓄的形式留存下来，这构成了潜在的购买力，是企业营销的重点。消费者的储蓄一般有两种形式：一是银行存款，增加现有银行存款额；二是购买有价证券，如债券、股票、公债等。当消费者收入一定时，储蓄越多，现实消费量就越小，但潜在消费量越大；反之，储蓄越少，现实消费量就越大，但潜在消费量越小。企业营销人员应全面了解消费者的储蓄情况，尤其要了解消费者储蓄目的的差异。制定不同的营销策略，为消费者提供有效的产品和劳务。

案　例:

1979年，日本电视机厂商发现，尽管中国人可任意支配的收入不多，但中国人有储蓄习惯，且人口众多。于是，他们决定开发中国黑白电视机市场，不久便获得成功。当时，西欧某国电视机厂商虽然也来中国调查，却认为中国人均收入过低，市场潜力不大，结果贻误了时机。

(2)信贷。所谓消费者信贷，就是消费者凭信用先取得商品使用权，然后按期归还贷款，以购买商品，如短期分销、分期付款和信用卡消费都属于这种方式。这实际上就是消费者提前支取未来的收入，提前消费。消费信贷可以在一定程度内，增大消费者的现实购买力，刺激需求。信贷在西方国家存在较为普遍，在我国随着经济的发展，越来越多的消费者开始接受这种消费观念。

(二)间接影响营销活动的经济环境因素

1. 经济的全球化

以信息技术为中心的高新技术迅猛发展，使各国、各地的空间距离极大地缩短，几乎在产地之间“天然的”竞争界限的地理距离已失去意义，使世界经济融为一体，于是世界各地彼此都是潜在的竞争者，相互争夺正在变得短缺的资本投资。经济的全球化使服装流行的周期大大缩短，服装的流行资讯一夜之间就由时尚之都传遍世界各个角落，服装成为很多厂家产品的“合成品”，这也使得服装企业的迅速发展成为可能。

2. 经济发展水平

企业的市场营销活动会受到国家或地区的整个经济发展水平的制约。经济发展阶段不同，居民的收入不同，顾客对产品的需求也不一样，从而会在一定程度上影响企业的营销。

以消费者市场来说，经济发展水平比较高的地区，在市场营销方面，强调产品款式、性能及特色，品质竞争多于价格竞争。而在经济发展水平低的地区，则较侧重产品的功能及实用性，价格因素比产品品质更重要。我国地区经济发展很不平衡，逐步形成了东部、中部、西部三大地带和东高西低的发展格局。同时，在不同省市的各个地区，还呈现出多极化发展趋势。这种地区经济发展的不平衡，对企业的投资方向、目标市场以及营销战略的制订等都会带来巨大影响。

三、政治法律环境

政治法律环境是影响企业营销的重要宏观环境因素。政治环境引导着企业营销活动的方向，法律环境则为企业规定经营活动的行为准则。政治与法律相互联系，共同对企业的市场营销活动产生影响和发挥作用。

1. 政治环境

政治局势指企业营销所处的国家或地区的政治稳定状况。一个国家的政局稳定与否会给企业营销活动带来重大影响。如果政局稳定，人民安居乐业，就会给企业营造良好的营销环境。相反，政局不稳，社会矛盾尖锐，秩序混乱，不仅会影响经济发展和人民的购买力，而且对企业的营销心理也有重大影响。各个国家会在不同时期，根据不同需要颁布一些经济政策，制定经济发展方针，这些方针、政策不仅会影响本国企业的营销活动，还会影响外国企业在本国市场的营销活动。国际上，各国政府采取的对企业营销活动有重要影响的政策和干预措施包括进口限制、税收政策、价格管制、外汇管制等。

2. 法律环境

法律是体现统治阶级意志，由国家制订或认可，并以国家强制力保证实施的行为规范的总和。对企业来说，法律是评判企业营销活动的准则，只有依法进行各种营销活动，才能受到国家法律的有效保护。企业开展市场营销活动，必须了解并遵守国家或政府颁布的有关经营、贸易、投资等方面的法律、法规。如果从事国际营销活动，企业就既要遵守本国的法律制度，还要了解和遵守市场国的法律制度和有关的国际法规、国际惯例及准则。

案　例：

日本政府曾规定，任何外国公司进入日本市场必须要找一个日本公司合伙。美国《反托拉斯法》规定不允许几个公司共同商定产品价格，一个公司的市场占有率超过20%就不能再合并同类企业。美国曾以安全为由限制欧洲制造商在美国销售汽车，以致欧洲汽车制造商不得不专门修改其产品，以符合美国法律的要求；英国也曾借口法国牛奶计量单位采用的是公制而非英制，将法国牛奶逐出本国市场；而德国以噪声标准为由，将英国的割草机逐出德国市场。

四、自然环境

自然环境是指自然界提供给人类的各种形式的自然物质资料，如阳光、空气、水、森林、土地等。自然资源可分为三类：第一类为可再生资源，如森林、农作物等，这类资源是有限的，可以被再次生产出来，但必须防止过度采伐森林和侵占耕地；第二类为不可再生资源，如石油、煤炭、银、锡、铀等，这种资源蕴藏量有限，随着人类大量开采，有的矿产已处于枯竭的边缘；第三类是恒定资源，空气、太阳能、风力等。自然资源短缺，使许多企业面临原材料价格大涨、生产成本大幅度上升的威胁；但另一方面，又迫使企业研究更合理地利用资源的方法，开发新的资源和代用品，这些又为企业提供了新的资源和营销机会。工业化、城镇化的发展对自然环境造成了很大影响，尤其是环境污染问题日趋严重，许多地区的污染已经严重影响人们的身体健康和自然生态平衡。环境污染问题已引起各国政府和公众的密切关注，这对企业的发展是一种压力和约束，要求企业为治理环境污染付出一定的代价，但同时也为企业提供了新的营销机会，促使企业研究控制污染技术，兴建绿色工程，生产绿色产品，开发环保包装。

自然资源短缺和环境污染加重的问题，使各国政府加强了对环境保护的干预，颁布了一系列有关环保的政策法规，这将制约一些企业的营销活动。有些企业由于治理污染需要投资，影响扩大再生产，但企业必须以大局为重，要对社会负责，对子孙后代负责，加强环保意识，在营销过程中自觉遵守环保法令，担负起环境保护的社会责任。同时，企业也要制定有效的营销策略，既要消化环境保护所支付的必要成本，还要在营销活动中挖掘潜力，保证营销目标的实现。

地理环境不同的消费者对服装的要求不同。由于地理环境的差异，使得生活在南方的消费者和生活在北方的消费者，在服装的需求上有很大差异，在北方冬季人们需要兽皮、棉衣等御寒服装，而在气候燥热的南方，一年四季都需要轻薄的服装。

五、科学技术环境

科学技术环境对企业的技术竞争创新起着重要作用，每一种新技术的发现、推广都会给一些企业带来新的市场机会，导致新行业的出现。同时，也会给某些行业、企业造成威胁，使这些行业、企业受到冲击甚至被淘汰。生产同一类产品的企业，由于不同档次科技水平的应用，工艺技术含量的差异，最终会导致经济成果的差异，有的企业因此一跃成为行业老大，有的企业只能默默退出行业，因此，企业越来越要求具备良好的科学技术环境。例如，电脑的运用代替了传统的打字机，复印机的发明排挤了复写纸，数码相机的出现将夺走胶卷的大部分市场等。随着多媒体和网络技术的发展，出现了“电视购物”“网上购物”等新型购买方式。人们还可以在家中通过“网络系统”订购车票、飞机票、戏票和球票。工商企业也可以利用这些系统进行广告宣传、营销调研和推销商品。随着新技术革命的进展，“在家便捷购买、享受服务”的方式还会继续发展。

科学技术的发展对服装行业有着深远影响。从缝制技术上看，在远古时代，古人用骨针缝合兽皮；1790 年，英国人托马斯·赛特发明了单线链式缝纫机；1882 年，美国胜家公司发明双线梭式缝纫机；1890 年出现电动缝纫机，到现在服装 CAD 系统涵盖了从服装款式设计、样板设计、放码、排料、工艺管理等与服装技术有关的各个领域，用户可以根据自己的需要选择相应的软件模块及配套的硬件设备，组成一套个性化的服装 CAD 系统。在纤维与面料方面，近些年，出现了很多新型纤维应用到服装加工行业。例如，牛奶纤维、大豆蛋白纤维、玉米纤维、珍珠纤维等。在服装营销方式上，由于科学技术的发展，使得服装营销模式由传统的大规模生产模式发展为大规模定制模式。

六、社会与文化环境

社会文化环境是影响企业营销环境因素中最复杂、最重要的变量。社会文化是人类社会在长期发展历史过程中形成的，是指一个国家或地区的民族特征、价值观念、生活方式、风俗习惯、伦理道德、教育水平、语言文字、社会结构等的总和。人类在某种社会中生活，必然会形成某种特定的文化。不同国家、不同地区的人民，有着不同的社会与文化背景，代表着不同的生活模式，对同一产品可能持有不同的态度，直接或间接地影响产品的设计、包装、信息的传递、产品被接受的程度、分销和推广措施等。社会文化因素通过影响消费者的思想和行为来影响企业的市场营销活动。

1. 教育状况

教育水平是指消费者受教育的程度。教育水平的高低影响着消费者心理、消费结构，影响着企业营销组织策略的选取，以及销售推广方式、方法的差别。服装企业在面对不同教育水平的顾客时，应采用不同的营销策略。在教育水平高的地区，调研方法选择多种多样，可以采用访问、问卷，也可以利用网络进行调研，对于产品，人们更讲究品牌，强调流行时尚、注重品质，促销方式灵活多样，除了各种广告，公共关系也是企业必须强调的策略。

2. 语言文字

语言文字是人类交流的工具，它是文化的核心组成部分之一。不同国家、不同民族往往都有自己独特的语言文字，即使同一国家，也可能有多种不同的语言文字，即使语言文字相同，表达和交流的方式也可能不同。语言文字的不同对企业的营销活动有巨大的影响。美国汽车公司的“Matador”（马塔多）牌汽车，通常是刚强、有力的象征，但在波多黎各，这个名称意为“杀手”，在交通事故死亡率较高的地区，这种含义的汽车肯定不受欢迎。我国有一种汉语拼音叫“Maxipuke”的扑克牌，在国内销路很好，但在英语国家不受欢迎。因为“Maxipuke”译成英语就是“最大限度地呕吐”。国产“白象”牌电视在国内也较畅销，出口到西方国家却无人问津，因为“白象”一词在英语中的含义是：花了心力，耗费了金钱，但又没有多少价值。在给品牌命名的时候有些公司为了将来的国际贸易，采用先英文，再中文的形式，比如服装品牌Youngor，雅戈尔。

3. 宗教信仰

宗教信仰是构成社会文化的重要因素，宗教信仰对人们的消费需求和购买行为影响很大。不同的宗教有自己独特的对节日礼仪、商品使用的要求和禁忌。某些宗教组织甚至在教徒购买决策中有决定性的影响。为此，企业可以把影响大的宗教组织作为自己的重要公共关系对象，在营销活动中也要注意到不同的宗教信仰，以避免由于矛盾和冲突给企业营销活动带来的损失。不同的宗教信仰有不同的文化倾向和戒律，从而影响人们认识事物的方式、价值观念和行为准则，影响着人们的消费行为，带来特殊的市场需求，与企业的营销活动有密切的关系。特别是在一些信奉宗教的国家和地区，宗教信仰对市场营销的影响力更大。据统计，全世界信奉基督教的教徒有10亿多人，信奉伊斯兰教的教徒有8亿人，印度教徒6亿人，佛教徒28亿人，泛灵论者3亿人。教徒信教不一样，信仰和禁忌也不一样。这些信仰和禁忌限制了教徒的消费行为。

4. 价值观念

价值观念是人们对社会生活中各种事物的态度、评价和看法，它包括人们对时间、社会地位、拥有财富、个性和态度等不同的看法。不同的社会文化背景下，人们的价值观念差别是很大的，而消费者对商品的需求和购买行为深受其价值观念的影响。在西方一些发达资本主义国家，大多数人比较追求生活上的享受，超前消费也是司空见惯的事情；在我国，勤俭节约是民族的传统美德，借钱买东西这种消费行为往往被看成是不会过日子，人们大多攒钱购买商品，而且大多局限在货币的支付能力范围内，量力为出。企业营销必须根据消费者不同的价值观念设计产品，提供服务。对于年轻的消费者，他们乐于变化，喜欢猎奇、富有冒险精神，应开发设计感强、时尚新颖的产品，销售渠道独特、促销方式另类；对于中老年消费者，他们观念保守，喜欢沿袭传统消费习惯，企业应根据这部分消费者的特点，开发既有时代特点又符合传统观念的产品，以传统销售方式和促销方法为主，逐步开发营销渠道。同时，随着我国法定假期元旦、春节、清明、五一、端午节、中秋节、国庆节的制定，人们的假期增多，对于家庭观念重的消费者，可能会在这些假期中，选择与家人团聚，对服装企业来说，家居服的市场必然增加，对于另外一部分消费者，可能会选择出门旅游度假来放松自己的身心，户外休闲服装的需求量一定会迅猛增加，服装企业在制定营销策略时应把产品与目标市场的各种变化、消费者的价值观念联系起来。

5. 风俗习惯

风俗习惯是人们根据自己的生活内容、生活方式和自然环境，在一定的社会物质生产条件下长期形成，并世代相袭而成的一种风尚和由于重复、练习而巩固下来并变成需要的行动方式等的总称。不同的国家、不同的民族有不同的风俗习惯，它对消费者的消费喜好、消费模式、消费行为等具有重要的影响。像中东地区严禁带六角形的包装；英国忌用大象、山羊作为商品装潢图案即是如此。再如中国、日本、美国等国家对熊猫特别喜爱，但一些阿拉伯人却对熊猫很反感；墨西哥人视黄花为死亡，红花为晦气，而喜爱白花，认为可驱邪；德国人忌用核桃，认为核桃是不祥之物；匈牙利人忌“13”单数；日本人忌荷花、梅花图案，也忌用绿色，认为不祥；南亚有一些国家忌用狗作商标。我国是一个多民族国家，各民族都有自己的风俗习惯。如蒙古族喜穿蒙袍、住帐篷、饮奶茶、吃牛羊肉、喝烈性酒；朝鲜族喜食狗肉、辣椒，穿色彩鲜艳的衣服，食物上偏重素食，群体感强，男子地位较突出；企业营销者应了解和注意不同国家、民族的消费习惯和爱好，做到“入境随俗”。可以说，这是企业做好市场营销，尤其是国际经营的重点。

6. 审美观

审美观通常指人们对事物的好坏、美丑、善恶的评价。不同的国家、民族、宗教、阶层和个人，往往因社会文化背景不同，其审美标准也不尽一致。有的以“胖”为美，有的以“瘦”为美，有的以“高”为美，有的则以“矮”为美，不一而足。缅甸的巴洞人以妇女长脖为美，而非洲的一些民族则以文身为美。审美观的不同而形成的消费差异更是多种多样，在欧美，妇女结婚时喜欢穿白色的婚礼服，因为她们认为白色象征着纯洁，美丽；在我国，妇女结婚时喜欢穿红色的婚礼服，因为红色象征吉祥如意，幸福美满。中国妇女喜欢把装饰物品佩戴在耳朵、脖子、手指上，而印度妇女却喜欢在鼻子上、脚踝上佩戴各种饰物。不同的审美观对消费的影响是不同的，企业应针对不同的审美观所引起的不同消费需求，开展自己的营销活动，特别要把握不同文化背景下的消费者审美观念及其变化趋势，制定良好的市场营销策略以适应市场需求的变化。

单元三　服装市场营销微观环境分析

市场营销的微观环境是指和企业联系紧密，直接制约和影响企业营销活动的因素。服装企业必须对影响企业的微观环境进行分析，以便更好地协调企业和环境之间的关系，最终实现企业的营销目标。服装市场营销微观环境包括企业内部因素、供应商、营销中介、顾客、竞争者和公众。

一、企业内部因素

服装企业市场营销活动的开展首先要考虑到企业内部因素，企业的市场营销活动是整个企业各个部门协调配合的过程，企业各个部门管理层之间配合的科学、合理、协调一致，才能保证营销活动顺利进行。营销管理部门要协调计划、技术、采购、生产、营销、质检、财务、后勤等各个部门，与之同理合作，最终实现营销目标。

二、供应商

供应商是向服装企业提供生产经营所需所有资源的企业或个人。供销商提供的原料包括原材料、辅助材料、生产设备、零部件、能源、劳务、资金等。这些资源直接影响企业产品的产量和质量，进而对企业的营销活动产生重大影响。

供应商对服装企业营销的影响主要体现在以下三个方面：

（1）供货商供应货物的及时性和稳定性。供应商提供的原材料、辅料、机械设备，是服装企业能够顺利生产，按期交货的前提条件。服装具有流行性的特点，不能按期交货意味着错过了销售的最佳时机，企业会受到重大损失，甚至会流失顾客，因此，供应商供货的及时性和稳定性对服装企业至关重要，企业应慎重选择供应商，全面了解供应商的信誉和供货实力，确保供货商供货的及时性和稳定性。

（2）供货价格和质量。成本是企业制定价格的下线，供货商提供原材料、辅料的价格直接影响企业的成本，最终影响利润，企业应密切关注原材料市场价格变动趋势，判断供应商提供的产品价格，积极应对。

（3）同样，供应商供应货物的质量最终影响服装产品的质量，进而影响产品的销售情况，服装企业应建立详细的质量检验标准，从供货源头把关，从而保证产品质量。针对上述情况，服装企业在选择供应商时，应选择适当数量的供应商，并根据供应商在供货渠道中的作用和实力区别对待，促使其良性竞争，提高供货质量。

三、营销中介

营销中介是指在服装企业将最终产品销售给消费者的过程中，协助企业完成融通资金、销售产品、运输储存等功能的专业机构。包括中间商、物流仓储、营销服务机构和金融机构等。

1. 中间商

中间商是将服装产品从生产商流向最终消费者的中间环节或渠道。主要包括批发商和零售商两大类。中间商是企业间接渠道的主要成员，特别是对于刚刚进入市场的企业，中间商可以帮助企业开拓新市场，为其产品打开销路，准确找到目标顾客，并且提供资金支持，解决库存问题等。企业在选择中间商时，应考虑合作态度、回款速度、库存水平、开拓市场能力等方面。

2. 物流仓储机构

物流仓储机构是指帮助服装企业进行保管、储存、运输的仓储公司、物流公司、运输公司等。物流仓储机构的主要任务是协助服装企业将服装产品由生产地运往销售目的地，完成产品空间位置的移动。到达销售目的地后，在待售时间内，协助中间商或企业保管和仓储。物流仓储机构是否快捷、安全，直接影响服装产品的最终销售，企业必须及时了解和掌握物流仓储机构的运行状态，及时了解运行信息，确保产品的流通。

3. 营销服务机构

营销服务机构是指为服装企业在营销策划活动中提供各种专业服务的机构，包括广告公司、市场调研咨询公司、财务管理公司等。这些机构可以协助企业进行市场调研和分析，协助选择和分析目标市场，进行市场定位，进而完成针对目标市场的有效市场营销活动。

4. 金融机构

金融机构是指在服装企业营销过程中帮助企业融通资金或分担货物各种风险的机构，包括银行、信托公司、保险公司、证券公司等。金融机构虽然不直接参与企业的经营，但却与企业的经营有着千丝万缕的关系，企业间的财务往来要通过金融机构结算，而银行汇率、保险费率的变化都会影响企业的经营。因此，企业需要与金融机构保持良好的关系，确保融资、信贷、保险业务的稳定。

四、顾客

顾客是服装企业的服务对象，是企业的终端市场，是企业产品的最终使用者，决定企业产品的销售情况。企业的一切活动都应该以顾客为中心，所以顾客是重要的微观环境。服装企业的顾客可能是个人、家庭，也可能是机构、集团或政府部门，根据顾客购买动机的不同可将顾客分为：消费者市场、生产者市场、中间商市场、政府市场和国际市场。

五、竞争者

服装企业不可能独占市场，在市场竞争中，服装企业面临不同形式的各种竞争。包括一般竞争、形式竞争、行业竞争和品牌竞争。一般竞争也称总预算竞争，是指为争取同一笔资金而提供不同产品的企业，竞争对手为所有企业，竞争目标是所有顾客。例如，消费者手里面有一笔资金，既可以用于购买家电，也可以购买服装，还可以购买娱乐用品等。形式竞争是指为满足相同需求而提供不同产品的企业。例如，为了代步，消费者可以选择汽车、摩托车、自行车等；为了防寒，消费者可以选择冲锋衣、羽绒服、棉衣、保暖内衣等。行业竞争，是指生产或销售同样产品或同类产品的企业间的竞争。例如，服装行业、餐饮行业、房地产行业内部各企业之间的竞争。品牌竞争是指同一行业内，以相似的价格向相同的顾客提供相同产品的企业。例如，阿迪达斯和耐克。

六、公众

公众是指在企业营销活动中，与企业实现营销目标具有实际的或潜在的关系，与企业营销活动发生关系的各种群体或个人的总称。公众对服装企业的态度对服装企业的形象有很大影响。它既可以帮助企业树立良好的形象，也可能阻碍企业形象的树立。服装企业要注重与公众之间的关系，以得到公众的支持。公众包括融资公众（银行、投资公司、保险公司等）、媒体公众（报纸、广播、电视等）、政府公众、社会公众（消费者权益组织、环保组织等）、社区公众（企业所在地社区组织）、一般公众、内部公众。

单元四　服装市场营销环境分析与企业应对策略

一、服装市场营销环境分析

服装企业通过对企业所面临的内外部环境进

行分析，使服装企业能够识别、判断营销机会和识别环境威胁，从而提高企业对环境的适应性。市场营销机会是指在分析营销环境时发现的、对企业营销活动具有推动作用的领域，在这一领域内，服装企业具有较大的竞争优势，或获得营销成功的机会更多。环境威胁是指在营销环境分析过程中发现的不利于企业的发展趋势，如果企业不采取措施，这种不利趋势会使服装企业失去营销市场地位。

1. SWOT 分析方法

服装市场营销环境分析常用的方法为 SWOT 分析方法。即 Strength（优势）、Weak（劣势）、Opportunity（机会）、Threaten（威胁）。SWOT 的分析方法的核心是通过对服装企业的外部环境和内部条件的分析，明确企业可利用的机会和可能面临的威胁，并将这些机会和威胁与企业的优势及劣势结合起来，形成企业不同的战略措施。

2. 环境机会分析

环境机会分析主要考虑机会潜在利润的大小，市场吸引力的强弱和企业成功的可能性，及是否在这一机会中占有优势，如图 3-3 所示。

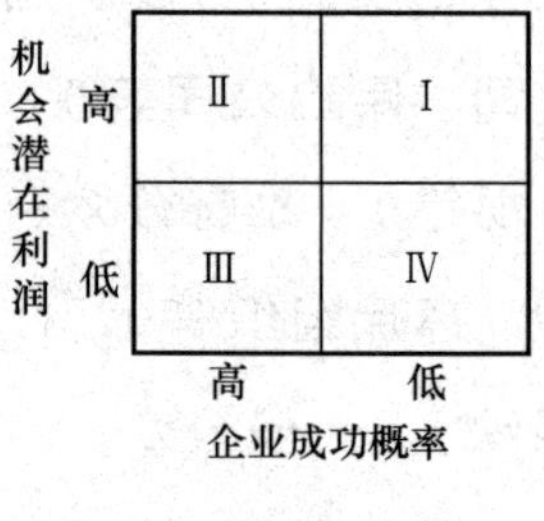

图 3-3　环境机会分析

第Ⅰ象限机会潜在利润很高，但企业成功概率很低，从分析上看，机会能够带来较高的利润，但相比较成功的机会而言，企业获得这种高利润的机会太少，不值得冒险。注意，如果环境变化趋势可以使成功概率增加的话，可以尝试；如果环境没有发生有利变化，应放弃这次机会。

第Ⅱ象限机会潜在利润很高，企业在这个机会中具有明显的优势，成功概率很大，对企业发展有利，企业应抓住机会，采取积极措施，投入精力，全面发展。

第Ⅲ象限属于机会潜在利润低和成功概率高的环境机会。这种情况，大企业通常会觉得潜在利润低而不予以重视，干脆放弃，而对于中小企业来说，正可以不失时机地捕捉这样的机会，不断壮大自己。

第Ⅳ象限的环境机会，属于机会潜在利润低和成功概率低的环境条件，对这样的环境状态，企业应该随时把握市场变幻动态，一方面，积极改善自身条件；另一方面，静观市场变化趋势，随时准备利用转瞬即逝的机会。

3. 环境威胁分析

环境威胁分析会从两个方面进行讨论：一是分析环境威胁出现的概率大小；二是分析环境威胁潜在的严重性。

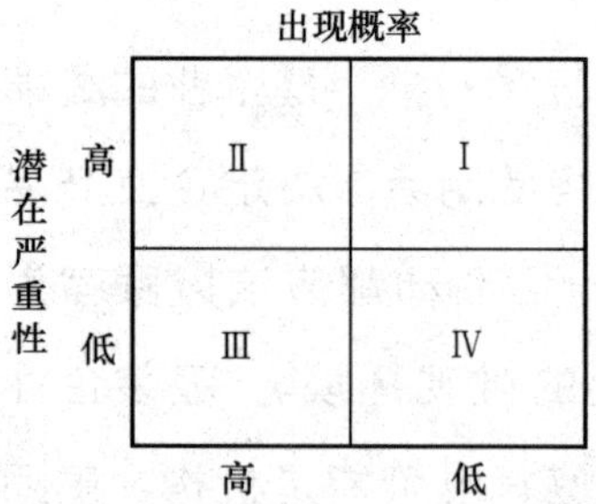

图 3-4　环境威胁分析

第Ⅰ象限的威胁出现的概率低，潜在的威胁程度却很大，企业要密切关注市场环境变化，及时监视其发展动态，一旦出现可能，及时采取应对措施。

第Ⅱ象限威胁的严重性大，出现的概率也大，企业必须特别重视，要认真分析环境，制定不同环境威胁下的相应措施，适时调整企业策略，避免或减少环境威胁带来的影响。

第Ⅲ象限属于潜在威胁程度较低，但出现概率很高的情况。虽然对企业的威胁程度很小，但出现的概率大，企业也必须重视，采取适当的应对措施，避免向威胁程度大的环境因素转变，并且调整企业可控因素，减少威胁出现的概率。

第Ⅳ象限属于威胁潜在的严重性较低和出现概率也较低的状况，企业可以不必过于担心，只要密切注意其发展动态，避免其向其他象限的情况发展即可。

二、服装企业应对策略

1. 企业面对市场机会时采取的策略

（1）**及时抓住策略**：当服装企业面临市场成功机会太多，预期利润大的环境机会时，应及时抓住市场机会。在企业面临市场机会时，企业要分析其市场机会是否与企业营销目标相一致，企业在此次机会中是否占有绝对优势，是否具备利用此次市场机会的资源条件，如果分析结果为：此次市场机会能够给企业带来利润，企业应抓住时机，调整自己的营销策略，充分利用环境机会，争取更大的发展。

（2）**等待时机策略**：服装企业在市场环境分析过程中发现，有些环境机会相对稳定，而企业在利用环境机会时不具备绝对的优势，企业可以密切关注市场机会，同时，不断调整营销策略，创造条件，等待时机成熟，充分利用此次市场机会，为企业创造财富，巩固市场地位。

（3）**果断放弃策略**：通过环境分析市场营销机会具有很大的吸引力，但对于服装企业来说，在此次市场营销机会中不具有优势，缺乏必要条件，无法加以利用，服装企业通过综合分析，如无优势，应采取果断放弃策略，任何犹豫和拖延都可能导致丧失其他有利的市场营销机会。

2. 企业面对威胁采取的策略

（1）**反攻策略**：即试着通过企业自身的努力限制或扭转环境因素中的不利因素的发展，通过法律诉讼等方式，促使政府通过某种法令或政策等保护企业自身合法权益不受侵犯，改变或减轻环境的威胁。

（2）**减轻策略**：也称削弱策略，是指企业通过改变可控因素的营销策略，来减少或消除营销环境威胁带给企业的影响。

（3）**合作策略**：即企业通过各种合作手段（如联合、合作、合并、参与等），由更多的社会组织组成联合体，充分利用资金、技术、设备，取长补短，分散风险，共同保护自身利益，以期减少环境威胁的影响。

（4）**转移策略**：当受到威胁程度严重的企业，无条件继续经营原来的业务时，可采取逐步转移原来业务或调整业务范围，以减轻环境对企业的威胁。服装企业在面临转移策略时，有以下三种选择：一是服装企业现在所经营的产品的转移，可能是服装风格、服装品类等；二是服装市场的转移，重新划分细分市场，找出企业的优势市场，推出新产品；三是行业的转移，退出服装行业转移到其他行业。

实　训

1. 选取调研品牌，调研市场环境对企业经营过程的影响，分析宏观环境、微观环境的影响。

2. 总结企业的 SWOT。

3. 企业是如何应对环境的影响的?

4. 形成调研报告，进行课堂分享。

PPT课件

项目四

服装市场调研

服装企业在经营过程中，所做的各种决策都要在宏观大环境下考量，也要符合企业利益、消费者利益、公众利益，同时要考虑行业竞争、品牌竞争，企业的经营决策要有市场依据，要符合市场规律，市场调研是企业了解环境，掌握消费者动态，在竞争中获得有利地位的最好方法。

引入案例：

论市场调研在企业营销管理中的重要作用——以佐丹奴服饰有限公司为例

市场调研预测是具有重要价值的创造性劳动，它根据特定任务要求，进行实况调研或文献调研，并运用科学研究方法对特定对象的材料进行分析研究，从中发现新动向、新趋势，了解其变化规律与客观联系，为科学决策提供参考和依据。佐丹奴服饰有限公司的例子说明了市场调研对制定营销策略的作用。该公司在牛仔裤销售中，佐丹奴公司人员询问顾客对一条牛仔裤最合适而又愿意支付的价格是多少，然后根据顾客的反馈意见，来决定最后的价格。同时，还通过征求顾客对产品和服务的意见，来改进产品和服务，这成为佐丹奴服饰有限公司获得竞争优势的重要策略。但同样的市场现象和信息，由于人们的不同解释，得出的结论也可能截然相反。

以下结合佐丹奴服饰有限公司实例，从三方面具体说明市场调研预测的重要性。

（一）市场调研是制定合理的发展目标和发展战略的依据

在商品经济迅速发展的今天，企业如果仍然停留在经验管理上，就只能获得暂时的和短期的经济利益，而不能求得长久的生存和发展。其中关键是通过调研预测未来市场需求，因为企业产品的潜在需求与潜在需求状况决定企业的发展目标。佐丹奴服饰有限公司占领广东市场就是通过有效的市场调研预测，制定科学的发展战略而成功的最好事例。20 世纪 90 年代末期，广东的服装市场达到饱和，且市场上销售的服装中，广东产品具有很强的竞争力，在这种情况下，任何公司想要进入广东市场其困难可想而知。佐丹奴服饰有限公司是 20 世纪 80 年代开始进入广东市场的，他们通过市场调研发现，广东市场对牛仔系列服装需求激增，佐丹奴服饰有限公司采用了侧面进攻的策略，将产品委托给可靠的商店独家经营。从 2001 年开始，佐丹奴服饰有限公司逐步向广东服装企业正面进攻，作为正面进攻的另一个主要内容，佐丹奴服饰有限公司开始向广东服装企业的商标开战。在流通领域，佐丹奴服饰有限公司建立了自己独立的流通体系。到了 2006 年年初，佐丹奴服饰有限公司在广东市场的占有率上升了约 80%。

（二）市场调研是提高管理水平的重要手段

市场调研预测活动通过调研预测潜在的市场需求变化趋势，为企业合理配置人力、财力、物质资源和及时调整内部组织提供了指导性信息，使企业在经营管理上取得主动权，加速企业商品和资金的周转，降低企业的成本和费用，使其获得最佳经济效益。在中国的香港市场上，时尚的服装经常供不应求，但由于这种时装需求量和利润都非常小，当地的厂家不愿意生产。佐丹奴服饰有限公司获得这一信息后，进行了积极的市场调研，认为这种产品虽然需求量小，但是消费群体固定，需求量也比较稳定，据此，其在香港建立了一个规模适当的分厂，使生产达到帕累托最优，即生产和消费同时实现最优化，并为今后在其他领域的发展打下了良好的基础。

（三）市场调研是建立长久竞争优势的基础

在激烈的市场竞争中，企业要想在市场上占有一席之地，就必须建立起本企业的长久竞争优势，即能长久地向消费者提供优于其竞争对手的产品或服务。这就要求企业要科学、准确预测未来市场需求，提前开发新产品，增加现有产品的功能和特征，抢先满足消费者的需求，尽快建立长久竞争优势，获取最佳的经济效益。当一种消费品多年千篇一律且无所不在的时候，它的风光也许就快到尽头了。佐丹奴服饰有限公司在旺销期间，抽调大量人力、物力去做市场调研预测，了解消费者的需求，开发新产品，不断在质量、品种、款式、花色、包装等方面改进，适应满足消费者的需求，引导市场，领导市场新潮流。

（资料来源：中国知网，商业经济，2009，2 [文章编号] 1009-6043(2009)02-0058-02)

问题引出：

1. 佐丹奴服饰有限公司应用了哪些调研方式？

2. 佐丹奴服饰有限公司的哪些营销策略应用了市场调研资料？

单元一　服装市场调研概述

一、服装市场调研的概述

1. 服装市场调研的含义

服装市场调研是指服装企业运用科学的方法，有组织、有计划的，系统、全面、准确、及时的收集、整理和分析服装市场现象、消费者、竞争对手各种活动资料的过程，为服装企业的经营决策提供依据。

2. 服装市场调研的作用

（1）可以为服装企业的经营决策提供依据。 市场调研包括企业内部经营数据、行业发展动态、消费者需求情况以及竞争对手的信息，客观的调查结果分析有利于企业在经营决策过程中做出正确判断，避免盲目性。

（2）有助于企业提高营销水平。 服装企业生产经营的最终目标是服务消费者，满足消费者对服装产品的个性化需求。随着消费者消费观念越来越成熟，对企业的营销要求越来越高，企业需要了解消费者的真正需求，市场调研可以直接面对消费者，调研其对产品风格、面料、价格渠道以及促销方式的选择，为企业提供一手资料，提供更贴近消费者需求的产品。

（3）有利于企业在竞争中占据有利地位。 服装市场调研的一个重要内容就是对竞争对手的调研分析。企业的生产经营都是在众多同质化的产品中竞争，了解行业、了解竞争品牌，才能做到知己知彼，通过市场调研，了解对手的营销策略，为制定本企业的营销策略提供客观依据。

（4）有助于企业开拓市场和开发新产品。 在市场调研过程中，通过对环境和竞争对手，特别是消费者调研，能够在调研分析过程中找到新的市场机会，找到还未被满足的细分市场，可以利用企业资源去开发。

二、服装市场调研的类型

（1）按调查的目的和功能分类：

① 探索性研究（Exploratory Research）：帮助服装公司寻找机会，预测未来发展趋势，寻找影响市场发展的因素，以便确定下一步市场营销调研或市场营销努力的方向。例如，2020 年受到“2019 新型冠状病毒”影响，很多服装品牌的线下实体店都受到了很大冲击，线下实体店面临抉择：是转变性能变成线下体验店，还是关掉，转成线上店铺？

② 描述性研究（Descriptive Research）：是服装企业对特定的市场情报和市场数据进行系统的收集与汇总，以达到对市场情况准确、客观的反映与描述。例如，品牌想要进驻大连，对大连的商圈、消费者经济状况，对服装的需求情况等进行调研，将情况客观描述出来。

③ 因果性研究（Causal Research）：也称解释性市场营销研究，其目的在于对市场现象发生的因果关系进行解释和说明。比如服装企业上一季度销售额下降，去调研原因，是环境原因，还是企业原因、产品原因、消费者原因，进行原因描述，为企业策划营销策略提供依据。

某咖啡馆曾做过一个颇有意义的心理实验，店主请来三十多个人，每人喝四杯分别用红、绿、黄、棕四种颜色的杯子盛放的咖啡，然后各自回答对不同颜色杯子中咖啡浓度的感受。结果大多数人的排序是：红、棕、黄、绿，其实只有店主知道，所有咖啡的浓度都一样。于是该店从此以后一律使用红色杯子盛咖啡，使顾客普遍感到满意。

（2）**按服装市场商品消费的目的分类**：分为对消费者个人和家庭购买的服装消费者市场调研和对企业、社会团体、政府等购买的服装组织市场调研。

（3）**按流通领域不同环节分类**：分为批发市场调研和零售市场调研。

（4）**按产业结构层次分类**：分为男装市场调研、女装市场调研、童装市场调研、运动装市场调研、职业装市场调研、休闲装市场调研等。

（5）**按资料来源分类**：文案调研和实地调研。

（6）**按研究分析方法分类**：定性研究：定性研究是通过非量化的手段，通过观测、分析等来判断，指的是从性质上进行研究，多以文字描述为主。

定量研究：在市场调研的过程中，对调研结果进行数量的分析，调研依据为调研得到的数据资料，运用数学方法分析，以数据、图形等表述出来。

三、服装市场调研步骤（图 4-1）

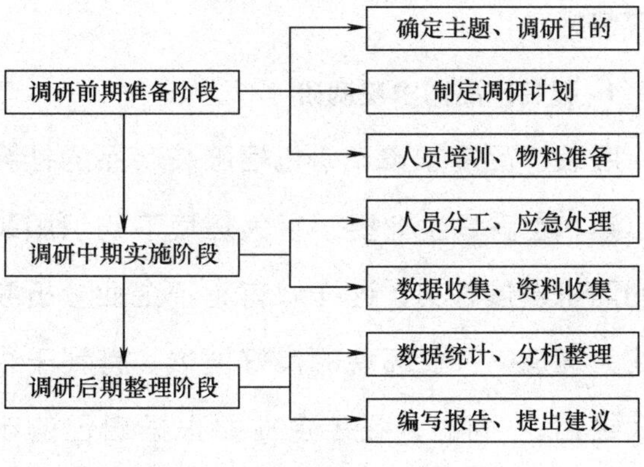

图 4-1　服装市场调研步骤

1. 调研前期准备阶段

（1）**调研问题确定。** 第一阶段是确定调研主题及调研目的。调研主题明确、调研目的清晰，才能有组织、有计划地完成调研工作，调研主题是对正在从事的业务出现的问题进行调研，是对潜在可能发生的问题的调研，也是对将来新业务的规划。

（2）**制定调研计划。** 第二阶段是制定调研计划。调研计划包括调研提纲确定、调研方法选取、调研人群确定、调研样本选取、调研进程表制定、调研预算制定等。

（3）**物料准备。** 第三阶段是对参与调研的人员进行培训，对调研问卷进行印制，对调研所需材料进行整理。

2. 调研中期实施阶段

（1）**人员分工。** 调研实施出发前，要对调研人员进行详细分工，人员分工要本着人人有事做，事事有人做，不能混乱。同时要做好应急预案，对突发事件要有人负责及时处理。

（2）**实施调研。** 调研实施阶段也是调研的重点环节，关系到调研数据收集的准确程度、是否全面真实。调研方法包括文案调研和实地调研两种。

3. 调研后期整理阶段

（1）**数据分析。** 首先对调研回来的资料进行筛选，挑选出对调研主题有参考价值的资料，对不符合要求的资料进行排除；要将有用的资料按照调研目标要求进行分组汇总，并用统计图表的形式整理归纳。

（2）**编写报告。** 编写市场调研报告是整个市场调研的最后环节，也是最重要的环节，是对前面所有工作的一个整体概括。包括整个调研的组织工作，调研数据分析以及调研结论和建议。

单元二　服装市场调研内容

服装市场调研的内容要结合调研的主题和目

标，根据调研主题确定调研内容。通常服装市场调研的内容包含以下几个方面。

一、宏观环境调研

宏观环境是服装企业在市场经营过程中必须面对的外部环境，这些外部环境是客观存在的，对于企业来说，宏观环境的变化可能是机遇，也可能是挑战，企业要积极面对，认真研究，宏观环境的调研是企业在生产经营过程中经常要做的市场调研。

1. 人口环境

人口是构成现实市场销量和潜在市场销量的必要因素。服装企业在调研过程中，需要掌握人口数量、增长情况、年龄、性别结构、家庭结构、地区教育水平、体型特征等。

2. 经济环境

地区经济水平决定消费者的整体购买能力。调研当地的经济整体发展水平、就业率、可任意支配收入水平、储蓄状况、购买力水平、消费习惯等。

3. 政治和法律环境

主要调研在服装企业国内外销售的过程中对企业产生影响的国内外政策方针、对外贸易国家政治稳定情况、法律法规，对外贸易相关政策等。

4. 科学技术环境

科学技术环境对服装市场影响非常大，包括原材料的创新、服装设计、生产工艺的数字化、销售渠道的网络化、企业管理的信息化等。科技的发展使得消费者的需求呈现多样化，人们对服装的需求不再满足穿暖，而是多方位，要舒适、要有品位、要能满足不同场合、不同风格的服装产品，从面料到产品的个性化设计、优质的做工到销售的方便快捷、周到的服务，科学技术的快速发展使得消费者的需求和欲望得到极大的满足，企业要全面调研。

5. 自然环境

自然环境的调研包括企业所处的地理环境、气候环境、自然资源环境以及生态环境，对于服装企业消费者所处的自然环境也是十分重要的，这关系到企业开发产品的面料、款式风格、尺寸大小。例如，南北方消费者在服装号型上有明显不同。

6. 社会文化环境

社会文化环境是指一个国家和地区人们的核心价值观、风俗习惯、生活方式、文化传统、宗教信仰等各个方面，这些因素是人们在长期的生活过程中组建形成的，对消费者的服装购买和使用有着非常大的影响。这些因素能直接影响消费者的购买动机、购买行为，是服装企业市场细分、市场定位以及营销策略决策的重要依据。

二、市场需求调研

企业经营的重点是满足消费者需求，市场需求调研是企业经营过程中要不断进行的工作。内容包括：

1. 服装产品需求量调研

服装产品需求量调研包括服装产品的社会需求总量，也就是企业要了解大环境下纺织服装产品的需求发展趋势，这样做有利于企业分析整个行业大环境，行业环境的良好发展，有利于企业扩大经营。同时，服装企业要根据自己的市场定位，调研本企业目标顾客的需求量，有针对性地制定企业产品策略。

服装产品需求量决定市场规模的大小，与服装企业产品覆盖地区的人口环境和经济环境密切相关。

2. 消费者购买能力调研

市场构成三要素包括人口、购买力和购买欲望。如果消费者没有购买能力，就不能实现现实消费。消费者购买能力调研包括地区经济发展水平、消费者个人可任意支出收入、消费者的消费习惯、消费者是否愿意超前消费等。

3. 消费者结构调研

（1）**性别结构**：消费者的消费行为特征和性别有着直接关系。传统意义上将消费者划分为男性市场和女性市场。但随着时代的发展，人们对生活的个性化追求升级，在性别结构划分中又出现了中性市场，同时，人们在很多产品的消费过程中，很多传统意义上的女性消费品男性也在用，男性消费品也有女性在使用，许多服装企业在开发新产品时，会淡化性别概念，扩大消费者范围，增加市场需求量。

（2）**年龄结构**：年龄结构是服装企业细分市场时的一个重要因素。不同年龄的消费者在服装需求上明显不同。服装企业在市场开发和市场转型时，通常会对不同年龄的消费者进行详细分析调研，结合企业特点选择目标人群进行市场开发。

（3）**职业结构**：职业结构也是服装企业细分市场时的主要因素。从事不同职业的人，对服装有着不一样的审美，其着装的场合不同，同样对服装的品类、面料的需求有差异，企业要结合自己的人群定位，对不同职业人群的服装需求进行市场调研，开发出适合目标人群的服装产品。

对服装企业，消费者的学历结构、家庭结构、体型结构等都有影响，企业在市场调研时结合自己的调研主题进行选择。

4. 消费者购买行为调研

消费者购买行为是指消费者为满足其个人或家庭生活而发生的购买商品的决策过程。消费者购买行为是复杂的，其购买行为的产生是受到其内在因素和外在因素的相互促进、交互影响的。通过对消费者购买的研究，来掌握其购买行为的规律，从而有效地进行服装品牌设计，实现企业营销目标。掌握消费者的购买行为可采用 5W1H 的方法，如下表所示。

消费者的购买接触内容

	消费者	服装品牌设计
What	购买服装的款式、风格、颜色	根据需求设计服装
Why	购买服装的原因	设计产品的包装
When	购买的季节	根据购买时间，制定生产计划
Where	何处购买	根据消费者购买的地点，设计销售渠道
who	购买的决策者	根据购买的决策者制定促销方案、广告媒体的选择
how	如何购买	根据消费者需求，决定配货方式、促销方式

消费者的购买行为有多种类型，可从不同角度划分。阿萨尔根据购买过程中消费者的参与程度以及各品牌的差异程度，把消费者划分为以下四种类型：

（1）**复杂的购买行为。** 在复杂的购买行为中，消费者的参与程度较高，并且对各品牌间的差异非常了解，他们会产生复杂的购买行为。通常，当消费者购买贵重物品、风险较大的商品、所购商品占家庭收入比重较大的情况下，消费者会产生复杂的购买行为。

（2）**减少失调感的购买行为。** 这种购买行为是指消费者所购买产品的不同品牌之间并没有多大差别，但由于所购买产品具有较大的购买风险或产品价格较高，同样需要消费者付出大量精力，慎重决定。这样在消费者购买商品之后，会产生一种购后不协调的感觉，于是消费者通过各种方法对自己的选择做出有利的评价，以减少购买后的不协调感。

（3）**习惯性的购买行为。** 这是指消费者在购买过程中并未深入收集信息和评估品牌，同时品牌之间的差异也不大，消费者习惯性的购买行为，在购买后可能评价也可能不评价产品。这种购买行为通常是产品价格较低的日常生活用品，比如服装中的袜子、内衣等。

（4）**寻求多样化的购买行为。** 是指消费者在购买过程中参与程度很低，但品牌之间差异很大的情况，这样消费者就会不断变化品牌的选择。这种购买行为中，品牌的不断变化，并不是由于对品牌的不满，而是消费者在同类产品中有很多可以选择的品牌，所以消费者在求异的消费心理下会不断变化品牌。

三、营销组合调研

营销组合是指企业的产品、价格、渠道和促销四个方面，也是我们熟知的4P策略。面对不可控的宏观环境，企业可以调整自己的营销组合来应对，以己之长来取得市场优势。

1. 产品调研

产品调研首先是产品风格理念、流行趋势。对于服装品牌而言，品牌理念和风格的确定，是与顾客有效沟通的前提，是引导顾客形成品牌忠诚的保证，鲜明的风格特征，也是品牌附加值的保证。为了能更好地形成品牌特色，紧跟时尚潮流，流行趋势的调研分析对服装品牌尤为重要。包括主题色彩流行趋势、廓形、工艺、面料流行趋势等。如图4-2~图4-5所示为2020色彩、工艺、面料、廓形流行趋势。

（资料来源POP服装趋势：https://www.pop-fashion.com/trends/material/）

图4-2　主题色彩流行趋势

图4-3　皮质拼接工艺流行趋势

图4-4　薄纱面料流行趋势

2. 价格调研

价格调研主要是调研消费者对价格的理解。价格是销售的关键，没有高低之分，主要是消费者在产品获得和付出之间的比值。消费者在购物过程中，顾客付出成本包括货币成本、时间成本、体力成本和精神成本。价格调研更多的关注点在于消费者在购买企业产品时，附加值是什么，是否付出成本小于获得的利益。同时，价格调研还包括企业的定价方法和定价策略，

图 4-5　廓形流行趋势

竞争对手的价格带，产品不同生命周期价格策略调整，市场环境发生变化时企业的应对策略等。

3. 渠道调研

渠道调研包括企业渠道的覆盖范围，渠道经营模式、品牌竞争对手的渠道经营情况，要对中间商进行全面调研，中间商调研包括中间商市场覆盖能力、销售能力、销售手段、消费者认可程度等。例如，2020 年，“新冠病毒”对服装企业的实体店销售产生很大影响，面对消费者不方便到实体店购物的情况，许多服装企业开展线上销售，利用网络店铺、朋友圈销售、直播平台直播销售等形式，带动企业销量，降低突发事件对企业的影响。

4. 促销调研

促销手段包括广告、人员促销、销售促进和公共关系。服装企业需要知道消费者是通过何种渠道了解本企业服装产品的信息的，信息包括服装面料、风格特点、购买场所、价格等，哪一种广告传播方式更受消费者喜欢，哪一种广告传播方式效果更好，竞争品牌的广告方式、广告播出时间等。消费者更喜欢的人员促销方式、人员促销对促销人员的素质要求等。销售促进的力度、消费者喜欢的销售促进方式、销售促进的效果、销售促进对销售量的影响等。公共关系对树立企业形象的影响程度、公共关系活动的内容、形式等。

四、竞争调研

在服装市场竞争中存在五种竞争力量：现有竞争者、潜在竞争者、替代品、购买者和供应商，竞争调研包括对这五种力量的调研。重点是对竞争者的调研，包括竞争者经营的产品品类、风格特点，竞争者的市场定位、产品的差异性，竞争者的价格区间、定价方法、定价策略，竞争者的渠道策略、渠道宽度和长度，中间商的经营能力等，还有竞争者的促销策略、广告方式、广告媒体、销售促进方式力度等。

单元三　服装市场调研方法

市场调研信息包括一手资料和二手资料两种：一手资料又称原始资料，指市场调查人员通过实地考察得来的原始资料；二手资料也称现有资料，是指经他人收集或整理过的资料，包括企业的内部资料和外部资料。市场调研方法有文案调研法和实地调研法（也称一手资料调研法）。实地调研法又包括访问调研法、观察调研法、实验调研法、问卷调研法等。

一、文案调研法

文案调研法又称二手资料调研法或文献调研法，是指通过查找现有企业内部研究成果、统计资料等内部现有资料，对调研内容进行收集、整理和分析的一种调研方法。这种方法的优点是成本较低、资料容易查找，耗时短、快速、资料收集范围广等。缺点是可信度低、时效性差。

（一）文案调研的途径

1. 企业外部资料的收集

企业外部资料的来源是指来源于企业外部的各种信息资料的总称，包括各统计部门与行业协会公布的相关资料；国内外公开发行的出版物；各地广播电视提供的市场信息；各种国际组织、商会所提供的国际市场信息；国内外各种博览会、展销会、交易会和订货会；各种信息中心和信息咨询机构提供的市场信息资料等。

由于服装业的特殊性，了解国内外服装市场和企业的发展动态，收集流行和时装信息等，对服装产品开发和服装市场开拓具有非常重要的意义。服装企业收集流行信息的途径包括国内外的时装博览会、服装展览会、交易会、订货会等，同时，专业的网站信息也是二手资料信息收集的主要来源。

大连市自20世纪70年代起就举办国际服装节，到90年代达到兴盛，时至今日，大连已成为服装名城。大连时装周是大连服装行业对外展示的窗口，每年春秋两季，即3月和9月，会根据国际流行趋势，推出设计产品发布主线，鼓励新锐设计师，促进地方品牌发展。巴黎、伦敦、纽约、米兰四大时装周，并称全球四大时装周，每年各举办两次，2月举办当年秋冬时装周，9月举办次年的春夏时装周。这些服装展示为服装企业提供了第一手设计信息，服装企业利用这些信息驱动流行。关注服装发布会可以了解流行色信息、流行面料、服装廓形变化、设计细节、工艺技巧以及服装配件等方面的信息。对于品牌服装设计的成功起着至关重要的作用。了解这些信息可以通过各种报刊和互联网，利用这些信息资源，丰富自己的设计，确保品牌服装设计的流行性。

知识链接：

POP服装趋势隶属于逸尚创展（上海）科技有限公司，是逸尚创展旗下高端服装趋势资讯项目，行业内实现资讯趋势O2O模式，通过网站资讯（九大专区、四大板块）与书籍（五大系列）提供准确的方向决策参考、全面深入的信息情报、丰富海量并可实现应用的素材资料，致力打造趋势、款式、面料——所见即所得的“服饰研发必备平台”（图4-6）。

POP团队各类产品的专家及合作的专业趋势机构，确保所预测的趋势内容和分析准确实用。无论是专注专品类开发还是全品类企划，POP服装趋势都会给出全局方向和专业方案。

1. 遍布全球多方专业趋势机构的消费趋势、新兴潮流研究整合提炼。

2. 囊括数以万计的T台秀场、展会订货会、零售市场、生活街拍时尚报告。

3. 汇集超过4万个的全球品牌，千万级款式及设计素材。

（资料来源：POP服装趋势网站 https://www.pop-fashion.com/）

2. 企业内部资料的整理

内部资料是指资料来自企业内部，也就是企业内部人员所掌握的企业信息和资料，主要包括业务资料、财务资料、统计资料以及企业累积的各种调查报告、工作总结等。解决服装企业市场营销问题时，往往先从企业内部资料分析入手。例如，服装企业在准备向市场推出新品时，先要对上一季服装的销售额，不同品种、色彩、款式产品的销售情况，产品成本、销售价格以及批发商、零售商和顾客的信息反馈等各种数据进行整理分析，以便决定新一季推出服装的品种和产品组合。

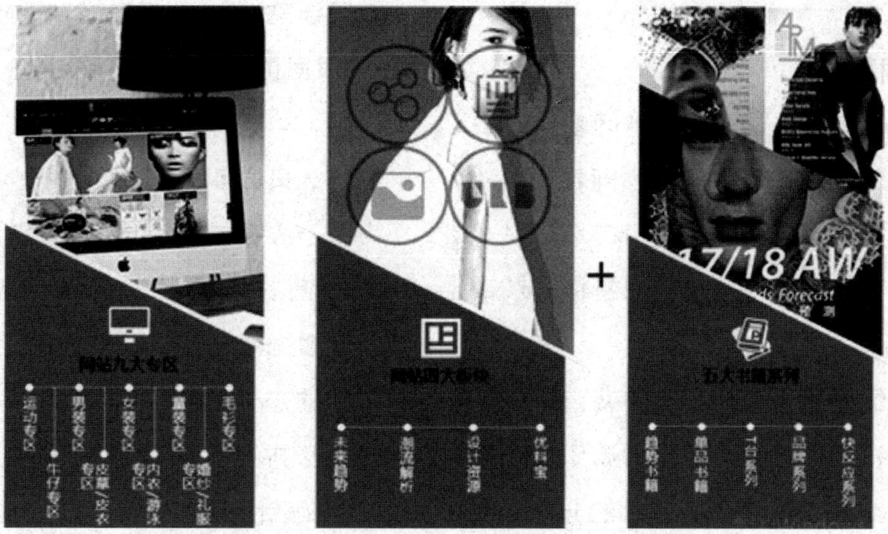

图 4-6　POP 网站资讯平台

企业内部资料通常是零星杂乱的，归纳整理时应注意以下几个问题：

（1）**针对性。** 企业内部资料的整理都应是针对要实现的调研目标展开的，所以企业内部资料的收集与整理应该是源于调研目的，有针对性，避免盲目性。

（2）**及时性。** 企业内部资料应及时归纳整理，以便设计、销售等相关职能部门能及时掌握企业各方面信息，根据市场变化，及时调整企业的策略，适应市场发展。

（3）**准确性。** 企业内部资料的加工整理，应是企业真实数据的客观反映，准确反映企业的生产、销售信息，这样决策者才能根据真实的市场情况，做出正确反应。

（4）**完整性。** 在对企业内部资料进行整理的过程中，应保证所整理资料的完整性，既不重复也不能遗漏，同时在这个过程中，进行筛选，剔除与调研目的不相关的材料。

（5）**有序性。** 通过对内部资料的归纳整理，使零乱的资料数据按照调研目的要求和工作需要进行分组归纳，形成系统文件。

（二）实施文案调查

一般包括以下六个步骤：

（1）**明确需要调查的信息资料。**

（2）**分析现有资料，确定收集信息的内容。**

（3）**确定资料的来源和查找的途径、方法。**

（4）**资料收集、筛选与分析评价。**

（5）**资料的整理。**

（6）**撰写文案调研报告。**

（三）文案调查法特点

文案调查法不同于一手资料的搜集方法，文案调查法是收集二手资料或次级资料，而不是对原始资料的搜集，不需要进行实地调查；同时，文案调查法是对各种文献资料的收集、整理和汇总；其所收集的资料包括动态资料和静态资料两个方面，在实际应用中往往偏重于动态资料的收集和整理。

二、访问调研法

访问调查法也称访谈法，是指访问者通过口头交谈的方式，或通过邮寄、电话、问卷、座谈以及个别访问形式，向被调查者搜集市场资料或探讨市场问题的一种方法，是基于问答模式获取和搜集信息的方法。

按访问方式的不同，可以将访问调查法分为直接访问和间接访问，直接访问是指调研者和被访问者面对面的交谈，获取调研信息的方法，间接访问有网上营销调研、计算机辅助调查等方式；按访问形式和内容传递方式的不同，可以将访问调查法分为人员访问、电话访问、网上访问、留置访问等；按访问内容的不同，可以将访问调查法分为标准化访问和非标准化访问，标准化访问也称结构性访问，研究者事先按要求拟好具体的研究项目，研究时按项目顺序依次提问，被访问者回答，非标准化访问是指研究者仅准备一个初步的提纲或者有些想法，与被访问者自由交谈，从中获得所需信息，这种调研多用于探索性研究。

访问调查的特点是：

（1）是访问者与被访问者面对面的直接调查。 是访问者与被访问者双向传导的互动式调查。 调查者与被调查者互相作用、互相影响。

（2）是通过交谈方式进行的口头调查。 因而，它能通过口头交谈方式反复询问某些情况。

（3）是需要一定访谈技巧的有控制的调查。

（4）访问调查效果，不仅取决于调查者的素质，也取决于被调查者的素质和合作态度。

（一）人员访问

人员访问调研法是调查者与被调查者以面对面交谈的方式，获取一手资料的调研方法。 可以采用结构化的访问和非结构化的自由交谈方式。 根据访问场所的不同又分为入户访问和拦截访问。

1. 人员访问优点

由于人员访问是面对面交流，往往能获得较高的回答率，回答问题完整；在调查过程中，可根据被调查者的性格特征、心理变化、对访问的态度及各种非语言信息，灵活调整询问方式和内容；获得信息的可靠性较高；所获信息具有针对性，可以通过交互式的交流方式，迅速获得调查员需要获得的信息。

2. 人员访问缺点

（1）访问成本是所有调研方法中最高的，成本包括调查者的培训费、交通费、调研提纲制作费等。

（2）获取访问对象的难度大，样本的选取受时空约束较强，由于调查员要直接和被调查者面对面交流，会受到调查双方所在地理区域的影响。

（3）对调查人员的素质要求较高，需要调查员具有较高的相互交流、资料搜集和整理的能力，调查结果的质量很大程度上取决于调查者本人的访问技巧和应变能力。

（4）调查周期长，拒访率高。

（二）电话访问

电话访问是指市场调查员通过打电话的方法同被调查者联系，并在电话中对被调查者进行调查访问的方法。 这种访问方式是随着社会现代化的发展，特别是随着普通居民中电话的普及率越来越高而逐步发展起来的。

1. 电话访问法的优点

电话访问效率高，可以快速获得市场信息，

由于不需要进行实地采访，可以节省大量的调查费用和时间；调查的覆盖面较广，受地理区域的限制较小，可以对任何有电话的地区、单位和个人进行调查；电话调查相对来说，费用较低；由于不需要面对面交流，被调查者的心理压力小，在某些隐私问题上，能够得到被调查者更为坦诚的回答。有些个人问题，比如教育水平、收入、分期付款等问题，在入户调查和拦截调查等面对面的情况下，被调查者会感到有些不自然，而在电话访问中，则能获得坦诚的回答。

2. 电话访问法的缺点

（1）会受到调查时间、电话普及率的制约，而且通话时间受到限制。

（2）由于无法面对面交流，调查员不能很好地控制被调查者的情绪。

（3）访问成功率较低。 由于电话号码的编制采用的是随机数表的方法，所以有些号码可能是空号，另外受访对象如果正在忙于其他事务，可能拒绝接受访问等。这些原因使得电话访问的成功率较低。

（4）调查的内容难以深入。

3. 电话访问的应用范围

（1）适合对热点问题、突发性问题的快速调查。

（2）适合对某特定问题的消费者调查。 比如对某新产品的购买意向、服装流行趋势、流行色、款式、面料、价格等方面的调研。

（3）适合服装消费特定调查群体。 某些特殊群体，比如孕妇装、婚纱等消费群体。

（4）已经拥有了相当的信息，只需进一步验证情况时。

（三）网上访问

由于网上市场调查具有传统的市场调查手段和方法所不具备的一些特点和优势，有时又被称为现代方式调查法。是借助互联网与被调查者交流的方法。网上访问的方法包括 E-mail 方式、网络调研系统和网络直接访谈等。E-mail 方式调查是将调查问卷按照已知的 E-mail 地址发出，被调查者回答完毕将问卷回复给调研机构的过程。网络调研系统是专门为网络调研设计的问卷链接及传输软件。一种典型的用法是：问卷由简易的可视问卷编辑器产生，自动传到互联网服务器上，通过网站，使用者可以随时在屏幕上回答数据，并可以立即看到统计结果。网络直接访谈具体方法为：根据调查的目的选择调查对象，通过事先邀请，告诉被调查者所要进行的调查内容，让其在指定时间同时登录网站，进行访谈交流，获得市场调查资料。

1. 网上访问法的优点

（1）接触范围广，不受时空限制，可以进行 24 小时的全天候调查。

（2）速度快。 可以在几小时内完成问卷并得到结果及报表，节省大量的时间。

（3）费用低。 节省各种费用，尤其随着网络的普及，调查费用会越来越低。

（4）视觉效果好。 互联网的图文及超文本特征可以用来展示产品或介绍服务内容。

（5）获得信息的真实性得到保证。 各地方的人都可以在一起匿名交流，从而在最大范围内获得相对真实可靠的信息。

2. 网上访问的缺点

（1）网上调查的调查对象仅限于网民。

（2）网上调查的被调查者必须是主动的。 是否浏览、问卷能否收回，取决于被调查者对调查题目是否感兴趣。

（四）留置访问

留置访问是指调查者将调查问卷或表格当面

交给被调查者，告知调查意图和说明填写的要求并留下问卷或表格，请被调查者自行填写，再由调查员按约定日期收回表格或问卷的一种调查方法。尽管问卷已经对作答的方式、方法做了说明，但调查员的说明仍然是必要的。因为有些被调查者可能不看说明就开始作答。如果调查者在回收问卷时发现答案填写不规范、不清楚、有漏答等情况，调查人员要及时更正。

1. 留置访问优点

（1）受访者有充裕的时间从容作答，便于思考，可回答耗费时间或难以当面回答的问题。

（2）形式灵活。可以与被调查者约定调研时间和地点。

（3）可信度高。有充分的时间来考虑有关问题，同时又不受调查者的主观影响。

（4）回收率高。可当面送、当面收。

2. 留置访问缺点

（1）难以确认是不是受访者本人的回答。

（2）受区域范围的限制。如果调查的区域太广泛，则不适合用留置问卷的方式。

（3）调查费用大。需要委托调查及回收 2 次访问，耗费费用。

（4）周期相对较长、缺乏互动性、无法获得调查员的个人特征和偏好。

链　接：

女装流行趋势访谈提纲

访谈主题：女装流行趋势

调研人员：

访谈地点：学校工作室

访谈对象：设计师、专业教师

访谈时间：　年　月　日

访谈内容：

访谈开场语：

您好，我们是大一学生，今天来这里做一个关于女装流行趋势的调研访问。此次访谈最多耽误您几分钟的宝贵时间。本次访谈主要通过问答形式进行，访谈内容将进行严格保密！为保证访谈的有效性，请真实回答每个问题，如没有疑问，我们就开始吧！

1. 您对流行趋势有什么看法？

2. 您是通过何种渠道了解流行趋势的？

3. 消费者在选择服装产品时是否很关注流行趋势？

4. 您在设计作品中是如何切入流行趋势的？

……

感谢您的配合，祝您生活愉快！

三、观察调研法

（一）观察调研法的概述

观察调研法是指调研人员亲自到调研现场，凭借自身观察或借助相关仪器，在调研现场对被调查者的情况进行直接观察和记录，取得有关消费者行为特征的第一手信息资料的一种方法。该方法不受被调查者的影响，但只能观测到被调查者的外部行为，无法了解内在动机，因此，调研的资料具有较大的主观性。

（二）观察调研法分类

（1）按观察者置身于观察活动中的深浅程度划分为完全参与、半参与和非参与观察三种形式。完全参与是调研人员长期生活在被观察的群体当中，甚至“隐瞒”或改变自己的身份，成为群体中的一员，完全进入角色并被当成“自己人”。半参与是指调研人员不改变身份的进入群体中，观察者的身份虽然显露，但他至少被群体中的人视为可接纳或可容忍的“客人”。非参与与观察指观察者以旁观者的身份，置身于调查对象群体之外进行的观察。采用非参与观察，一般有两种方法：一是近距冷淡法；二是远距仪器法。

（2）按观察结果的标准分类包含控制观察和无控制观察两种类型。控制观察指观察对象、观察范围处在某种程度上人为控制的环境中的观察，适用于因果性调查。无控制观察指观察对象处在完全自然的环境当中的观察，适用于机会调查或探索性调查，或有深度的专题调查。

（3）按观察的具体形式划分为顾客观察法、环境观察法、痕迹观察法和仪器观察法。

① 顾客观察法是直接观察法的一种，是指调查人员在商场秘密观察、跟踪、记录顾客的行为和举止，并将观察记录的结果汇总，总结出顾客的消费行为、偏好、心理特征等。

② 环境观察法又称“神秘购物法”或“伪装购物法”，是指调研人员装扮成普通顾客介入活动之中，收集有关商店、雇员与顾客的信息资料的一种方法。

③ 痕迹观察法是指调查人员提供观察被调查对象留下的收集痕迹，获取某方面信息的一种方法。

④ 仪器观察法，是间接观察法的一种，由于很多场合不适用或需要调查人员亲临现场，因此，需要通过录音机、照相机、摄像机、红外线探测器、IC 卡智能机及其他监听、监视设备对顾客进行观察。

（三）观察调研法的优点和局限性

1. 观察调研法的优点

获得的资料更加真实可靠，由于是调研人员亲身观察得到，更加及时，同时观察调研法适应性较强，可用于消费者的偏好调查、商场经营环境调查、品牌调查等，调研方式灵活多样。

2. 观察调研法的局限性

（1）观察活动必须在市场现象发生的现场。

（2）观察易受时空限制。

（3）调查时间较长，耗资较大。

（4）有些市场现象不能用观察法。

四、问卷调研法

问卷调研是指通过结构化的问卷向消费者了解有关服装信息的方法，是企业进行实地调查、搜集第一手市场资料的最基本的工具。这种调研方法调研对象广泛，针对性较强，调研问卷中可涉及的问题较多，并且针对性强，可根据调研目的设计问题，问卷调研法成本较低。问卷调研通常包括问卷设计、问卷派发、问卷回收、数据编辑与整理、总结报告等几个环节。

调研问卷一般分为两种类型：第一种自填式问卷是将问卷交到被访问者手中，由被访问者自行填写，然后再由研究者收回；第二种访问式问卷由访问员将研究问题按要求读给对方听，由访问员将被访问者的回答填写在卷子上。

（一）问卷的组成

问卷一般包括标题、卷首语、主体和结语三个组成部分。

（1）标题。标题是反映调研问卷的研究主题，标题的选择要求语言简练，文字须简明易懂，使被调查者对调研内容有一个大致了解，激发被调查者的参与兴趣。

（2）卷首语。它是问卷调查的说明。其内容应该包括调查的目的、意义和主要内容，选择被调查者的途径和方法，填写问卷的说明，回复问卷的方式和时间，调查的匿名和保密原则，以及调查者的名称等。为了能引起被调查者的重视和兴趣，争取它们的合作和支持，卷首语的语气要谦虚、诚恳、平易近人，文字要简明、通俗、有可读性。卷首语一般放在问卷第一页，也可单独作为一封信放在问卷前面。

（3）**主体。** 是调研问卷的核心部分，包括调查的问题和回答的方式，以及对回答的指导和说明等内容，它由一个个问题及相应的选择项目组成。通过主体部分问题的设计和被调查者的答复，市场调查者可以对被调查者的个人基本情况和对某一特定事物的态度、意见倾向以及行为有较充分的了解。

（4）**结束语。** 可以只是简短地对被调查者的合作表示真诚的感谢，记录下调查人员姓名、调查时间、调查地点等。也可以征询一下对问卷设计和问卷调查本身有何看法和感受。结束语要简短明了，有的问卷也可以省略。

（二）问卷的设计步骤

（1）**事前准备阶段。** 这一阶段是根据所要调研的主题和目的，对已经收集的二手资料进行进一步分析和研究，确定需要调研的资料的内容。在这个过程中要把握调查的目的和内容，收集有关调查所需要的资料，确定调研方法的类型。

（2）**初步设计阶段。** 在准备阶段的基础上，设计者可以根据设计原则设计问卷的初稿，包括问题的设计、备选答案的设计以及问卷格式、版面的设计等。

（3）**试调研和修改。** 问卷初稿一般都会有不完善的地方，在进行大规模调研之前，需要在小范围内进行试调研，根据初步调研情况的反馈，进行调研问卷的修改和完善。

（4）**格式编排。** 最后定稿后的问卷要进行格式编排，如提请注意的地方或指导语应采用与问题不同的字体，问题与答案要有间隔，使问卷看上去层次清晰，卷面工整。

（三）问题的种类、结构和设计原则

1. 问题的种类

调研问卷中问题的设计师是在对调研主题分解的基础上确定下来的，是反映问卷的核心概念，问卷中的每一个问题都必须围绕这些核心概念进行设计。对于服装品牌设计中对服装市场进行的调研问卷设计，应包含下面几类问题：

（1）**被调研者的个人情况。** 包括年龄、性别、职业、收入、文化程度等个人信息。

（2）**对选购服装的偏好。** 调研选购服装时对服装颜色、款式、面料、细节、配饰等方面的喜好以及关注程度。

（3）**被调研者的消费经历。** 包括对服装消费种类的认识、服装品牌的认识、对服装的态度、服装的消费观念等，获取服装信息的途径。

（4）**购买行为的调研。** 包括购买服装的决策者、购买动机、购买服装的渠道、购买时机促销手段的影响等方面。

（5）**社会环境对购买行为的影响。** 政治、经济环境是否对个人购买行为有影响，流行趋势的影响等。

2. 问题的排列

问题的排列组合方式，是问卷设计的一个重要问题。为了便于被调查者回答问题，同时也便于调查者资料的整理和分析，设计的问题一般可采取以下几种方式排列：

（1）**按问题的性质或类别排列。**

（2）**按问题难易程度排列。** 好的问卷应将易于回答的问题排在前面，由易入难。

（3）按问题的时间顺序排列。应该按调查事物的过去、将来、现在的历史顺序来排列。

3. 设计问题的注意事项

（1）设计问题使用的概念要具体，一项提问只包含一项内容。

（2）问卷中所提的问题，应围绕调研的目的来编制。

（3）设计问题应该是中立的、客观的，避免诱导性问题和倾向性问题。

（4）设计问题不要超过被调查者的知识、能力范畴。

（5）注意询问语句的措辞和语气。

（四）回答的方式及其说明

1. 开放型

所谓开放型回答，是指问卷中只提出问题，不提供任何备选答案，有被调查者自由作答的问题。

开放型回答问题的最大优点是可以收集到广泛的、各个方面的资料，特别适用于那些答案很多的问题。同时，它有利于发挥被调查者的主动性和创造性，使他们能够自由表达意见。可以发现被调查者是否清楚问题的本质，减少误差。开放型回答的缺点是：回答的标准化程度低，整理和分析比较困难。同时，它要求被调查者有较强的文字表达能力，可能会由于被调查者不愿意填写而收回率低。

2. 封闭型

所谓封闭型回答，也叫固定选项问题，是给出固定选项，被调查者从给出的选项中进行选择，是较为常用的一种问题类型。封闭型回答有以下几种具体方式：

（1）两项式，即只有两种答案可供选择的回答方式。

（2）多项选择式，即列出多种答案，由被调查者自由选择一项或多项的回答方式。适用于有几种互不排斥的答案的定类问题。在几种答案中，可规定选择一项。

（3）顺序式，即列出若干种答案，由被调查者给出各种答案，排列先后的回答方式。

（4）等级式，即列出不同等级的答案，由被调查者根据自己的意见或感觉，选择答案的回答方式。

（5）矩阵式，即将同类的几个问题和答案排列成一个矩阵，由被调查者对比着进行回答的方式。这种回答方式，适用于同类问题、同类回答方式的一组定序问题。

（6）表格式，即将同类的几个问题和答案列成一个表格，由被调查者回答的方式。

封闭型回答有许多优点，它的答案是预先设计的，可以事先编码，有利于后期的归类整理；可以提高问卷的回复率，被调查者仅需选择备选项，不需要过多考虑，节省时间。封闭型回答还有利于询问一些敏感问题，被调查者对这类问题往往不愿写出自己的看法，但对已有的答案却有可能进行真实的选择。封闭型回答的缺点是：设计困难，很难将答案整理周全；它的回答方式比较机械，难以发挥被调查者的主观能动性；有可能导致被调查者随便选择答案，从而降低回答的真实性和可靠性。

3. 混合型

混合式问题，又称半封闭式问题，为了克服封闭型回答方式的缺点，吸取开放型回答方式的优点，于是就出现了半封闭、半开放的回答方式。

这种回答方式，综合了开放型回答和封闭型回答的优点，同时避免了两者的缺点，具有非常广泛的用途。

调研问卷样例：

关于服装消费的调研问卷

尊敬的消费者您好！ 为了更好地了解消费者的需求，制定出符合市场需求的营销策略，特做此次调研！ 请您花费几分钟时间认真完成问卷。 本次调研的所有数据仅限用于校内课程研究，请您放心填写，谢谢您的配合！

1. 您的性别是？

A. 男性　B. 女性

2. 您的年龄是？

A. 18 岁以下　B. 18 ~ 30 岁

C. 30 ~ 40 岁　D. 40 岁以上

3. 您的职业是？

A. 在校学生　B. 普通职员

C. 公务人员　D. 管理层人员

E. 自由职业者

4. 您每月的可支配收入是多少？

A. 2000 元以下　B. 2000 ~ 5000 元

C. 5000 ~ 10000 元　D. 10000 元以上

5. 您平时的穿衣风格更倾向于？

A. 运动休闲风　B. 职业风

C. 时尚街拍风　D. 嘻哈风

E. 淑女风

6. 您购买服装的时机是？

A. 新品上市　B. 换季打折

C. 促销活动　D. 不定时购买

7. 购买运动品牌的渠道有哪些？（多选）

A. 百货商场　B. 品牌实体店

C. APP

D. 折扣店（奥特莱斯等）

E. 品牌官网　F. 代购

8. 如果您是线上购买，您最常使用哪个网站？

A. 淘宝　B. 京东

C. 毒　D. 小红书

E. 抖音　F. 拼多多

9. 您喜欢的服装色系？

A. 彩色系　B. 浅色系

10. 您每月购买服装的平均花费是？

A. 300 元以下　B. 400 ~ 800 元

C. 900 ~ 1500 元　D. 1500 元以上

11. 您购买产品时更注重什么？

A. 设计是否新潮　B. 价格是否合适

C. 舒适度　D. 品牌

12. 您认为最有效的宣传方式是？

A. 明星代言　B. 杂志广告

C. 橱窗展示　D. 熟客的口碑

13. 您购买服装最倾向哪种优惠方式？

A. 打折　B. 赠品

C. 返购物券　D. 积分兑换

14. 您在做出购买决策时容易受哪些因素影响？

A. 产品价格过高　B. 店员的服务态度

C. 家庭成员的意见　D. 同行朋友的意见

15. 您对服装款式设计有哪些建议？

调研时间：　调研地点：　调研人：

单元四　撰写调研报告

市场调研过程中或市场调研结束后，要对市场调研得到的资料进行审核和整理，使处于零散和不系统状态下的资料系统化、条理化，从而能以简明的方式反映研究对象的总体特征和规律，得出结论。所以市场调研报告就是经过在实践中对某一产品客观实际情况的调查了解，将全部情况和材料进行分析研究，揭示本质，寻找规律，总结经验，最后以书面形式陈述出来。

一、资料的整理

（一）资料整理步骤

1. 制定资料整理方案

根据调研提纲和调研内容，确定资料的分类标准以及整理工作的具体要求和方法。这是保证调研资料的整理有计划、有组织进行的重要一步。

2. 对所得资料进行挑选和审核

对所得资料进行挑选和审核是第一步，是确保调研质量的前提。审核内容包括资料来源是否可靠、真实，对存在疑问的数据要通过其他途径进行核实；对于通过实地调研所得的一手资料要检查填答是否完全，有无遗漏和差错，对存在遗漏和差错的问卷，应进行剔除，审核所得资料时效性，检查调研访问时间和所得数据的时效性是否一致。

3. 资料汇总和分组

按照研究项目或分立标准对所得一、二手资料进行汇总和分组，将汇总结果绘制成图表，进行计算分析。

4. 资料的保存应用

将整理汇总所得资料存入数据库，以便应用。

（二）资料整理方法

1. 文字资料的整理

市场调查中的文字资料有两大类：第一类为一手资料即实地观察、访问的记录；第二类为二手资料，即搜集的各种历史文献。

（1）**文字资料的编辑、审核。**所谓编辑、审查就是通过仔细推究和详尽考察，来判断、确定文字资料的真实性和合格性，剔除不可靠、不准确及与调查目的无关的资料，使剩余资料为可靠的、有参考价值的资料。

文字资料的真实性审查也称信度审查，就是看调查资料的真实性到底有多少，可以找有经验的专家来判断，也可以根据内在逻辑或资料来源判断。

（2）**文字资料的汇总及分类。**就是根据文字资料的性质、内容或特征，将相异的资料区别开来，将相同或相近的资料合为一类的过程。

文字资料的分类有两种方法：前分类和后分类。前分类，就是在调查实施前进行分类，然后再按分类指标调查资料、整理资料。这样，分类工作在调查前就安排好了。后分类，是指在调查资料搜集起来之后，再根据资料的性质、内容或特征将它们分别集合成类。

（3）**汇编。**汇编，就是按照调查的目的和要求，对分类后的资料进行汇总和编辑，使之成为反映调查对象总体情况的系统、完整、集中、简明的材料。汇编的过程就是按照资料的性质和用途在各类资料上加上标题、符号，或编上序号等。

资料汇编的基本要求是：一要完整和系统。所有可用的资料都要汇编到一起，大类小类要层次分明，井井有条，能系统、完整地反映调查对象总体的全貌。二要简明和集中。要用尽可能简短、明了的文字，集中说明调查对象总体的具体情况，并注明资料的来源和出处。如有必要，还可对资料的价值和作用等作些简短述评，以供进一步研究参考。

2. 数字资料的整理

数字资料的整理过程包括检验、分组、汇总、制表。

（1）**数字资料的检验、验证。** 数字资料的检验是检验和验证各种资料是否完整和准确。完整性检查，是检查调查的单位和每个单位应该填报的表格是否齐全，有没有漏单位或漏表格现象，检查每张调查表格的填写是否完整，有没有缺报的指标或漏填的内容。资料的正确性检验，就是看数字资料的内容是否符合实际，计算是否正确。检验的方法包括经验检验、逻辑检验和计算检验。

（2）**数字资料的分组。** 分组，就是按照一定标志，把调查的数字资料分为不同的组成部分。分组的一般步骤是：选择分组标志，例如质量标志、数量标志、空间标志等；确定分组界限，例如组数、组距；编制变量数列。

（3）**数字资料的汇总。** 数字资料的汇总，就是根据研究目的把分组后的数据汇集至有关表格中，并进行计算和加总，以集中、系统的形式反映调查对象总体的数量情况。汇总的方法可分为手工汇总和电子计算机汇总两大类。

（4）**制表：**将分类后的资料分别进行统计及汇总，并将汇总结果以统计数字形式表示。制表方式分为：简单制表，是将答案一个个分类而成的统计表。交叉制表，是将两个问题的答案联系起来，以得到更多的资讯。

（5）**提送数字资料分析报告及追踪。**

二、市场调研报告的撰写

市场调研报告是调研工作的最终成果，也是调研水平的最终检验，是研究人员经过对某个或某类现象认真分析研究后，写成的一种书面报告。市场调研报告的基础是收集到的一手和二手资料经过整理分析的结果，同时又有其特殊的格式、要求和内容。

（一）市场调研报告的基本要求

1. 调查报告要尊重客观实事，保证准确性

市场调查报告必须符合客观实际，引用的材料、数据必须真实可靠，是通过调研得到的，经过核实的资料。起草调研报告前要保证所得到信息的可信性和有效性。要保证报告的准确性；首先要注意用词准确，其次是资料准确和逻辑正确性；再次是在时间表达上使用绝对表示法，不用相对表示法；最后要做到使用数字的精度与要求一致。

2. 调查报告要做到获取调研资料和观点相统一，做到观点明确

市场调查报告的撰写是以调查资料为依据的，在调查报告中所陈述的观点、结论都应有大量的调查资料为根据。在撰写过程中，要善于用调研资料说明主题观点，切忌调查资料与观点相分离。明确性是指报告观点清楚、结构有逻辑、内容表达准确。

3. 调查报告要突出市场调查的目的，保证调研报告的完整性

撰写市场调查报告，必须目的明确，有的放矢，任何市场调查都是为了解决问题，或为了说明某些问题。市场调查报告必须围绕市场调查上述的目的来进行论述。一份完整的调研报告应当能解释调研初期计划中所有需要解决的问题。

4. 调查报告的语言要简明、准确、易懂

撰写调查报告语言要力求简单、准确、通俗易懂，调研报告的观点要清楚，结构逻辑性强，内容应表达准确，避免将大量原始信息不经处理和分析就摆在使用者前面。

（二）调研报告写作

市场调查报告的撰写一般经过五个程序：确定中心主题，筛选资料，构思提纲，撰写调查报告，完善修改。

1. 确定中心主题

调研报告的中心主题是调研报告的中心思想，决定调研结果的成败。调研报告的主题和调研主题必须高度一致，并且与标题协调一致，避免文题不符。

2. 筛选资料

在调研过程中，尽管我们得到了较为系统、完整的大量调研资料，但在撰写调研报告时仍然需要认真筛选。原则如下：

（1）应着重选取与中心主题有关的材料，认真分析，提取数据，去掉无关的、次要的、非本质的材料。

（2）在选取过程中，坚持材料的统一性，材料不但要支持报告中的观点，而且要相互支持，前后统一。

（3）在选取过程中，尽量选用能突出中心主题的数据和资料，使报告具有说服力。

3. 构思提纲

调研报告的提纲有两种：一种是观点式提纲，将调查者在调研过程中形成的观点按照逻辑关系逐一罗列出来，形成调研提纲；另外一种是章节式提纲，即按照章、节将调研提纲一条条写出来，层次递进，表达清楚。也可以将这两种提纲结合起来。

4. 撰写调查报告

撰写调查报告是要根据已经确定的中心主题、筛选好的材料和写作提纲，进行调研报告的最后撰写工作。在这过程中，要注意结构合理、文字规范，通俗易懂，尽量避免使用大量专业性过强的语言。在报告中，要运用数字、图表来说明调研的准确性和大量一手资料的应用，语言简洁、生动。

5. 完善修改

调研报告撰写好以后，要认真核实修改后上交。

（三）市场调研报告的结构

（1）**标题。** 市场调查报告的标题要求与调研报告的内容融为一体，是调研报告内容的高度概括，调研报告的标题是用精练简洁的文字呈现调研报告的主题思想。有的调研报告采用正、副标题形式。

（2）**前言。** 是市场调查报告的开头部分，主要阐述调研主题的基本情况，一般说明市场调查的目的和意义主要包含三方面内容：一是介绍组织调研的目的；二是介绍市场调查工作组织情况，包括市场调查的时间、地点、内容和对象；三是采用的调查方法、方式。

（3）**主体。** 这是市场调查报告中的主体部分，是表现调查报告主题的重要部分。这一部分的写作直接决定调查报告的质量高低和作用大小。在主体部分中，必须准确阐明全部有关论据，包括调研问题的提出到最后得出的结论，以及中间论证的过程，使用何种方法进行论证等。主体部分要客观、全面阐述市场调查所获得的材料、数据，用它们来说明有关问题，得出有关结论。

（4）**结论与建议。** 结论和建议是撰写调研报告的主要目的，是前面报告内容的总结，主要是形成市场调查的基本结论，也就是对市场调查的结果做一个小结。提出了解决某一具体问题可供解决的方案与建议。

（5）**附件。** 调研报告没有包含或没有提及，但与正文有关，必须附加说明的部分，它是对正文报告的补充或更详尽地说明，包括数据汇总表及原始背景材料和必要的工作技术报告。

实　训

1. 对目标品牌进行市场调研。使用文案调研法和实地调研法。

2. 设计调研问卷、设计访问提纲、设计观察提纲。

3. 撰写调研报告，并课堂分享。

PPT课件

项目五

服装市场细分与定位

STP理论由市场细分（Market Segmentation）、目标市场（Market Targeting）、市场定位（Market Position）三个部分组成，通过市场细分选择目标客户，进而以此为根据确定目标市场，进行市场定位。STP营销理论是现代市场营销战略的核心。

服装企业在营销过程中无疑要用到STP理论，面对不同品类、不同需求的消费者，服装企业要根据市场细分的一个或几个变量对市场进行细分，同时分析企业自身因素，选定企业具有优势资源的目标市场，对其定位，并传递给目标消费者。

引入案例：

哥弟女装市场定位

“哥弟”女装，是1977年创建于中国台湾的品牌，品牌精神是塑造兄弟间同心同德、艰苦创业，秉承“四海之内皆兄弟”的理念。

哥弟女装是市场细分和定位成功的服装品牌之一。

哥弟女装在市场细分过程中将品牌的目标定位为女性，女性市场具有以下特点：女装市场一直是服装市场的主力军，一直走在时尚前沿，女装市场服装品牌众多，由于消费者个性化需求、服装季节性、流行等特点，女装品牌之间差距不大，国内女装品牌定位在中低档较多，中高档女装定位的较少，具有较大的市场机会。

哥弟女装在市场细分过程中将消费者年龄定位为30～45岁。这一年龄段消费者是服装消费的中坚力量，是中高档服装消费的主要人群，这一群体具有较强的经济实力、较强的购买欲望，对服装穿着有着较成熟的观念。且这一部分消费者可以概括为“两有、两没有”，有经济实力、有追求时尚的心，没有身材，没有时间。这一部分人群有稳定的经济收入，有穿衣品位，希望走在时尚前沿，又没有大量的时间去寻找时尚，同时传统的穿衣观念和不完美的身材将她们阻隔在流行之外。哥弟女装的定位刚好满足了这部分消费者的需求，为她们提供了工作、休闲、交友等不同场合穿着的服装，从产品设计、市场工艺到终端销售都从这部分消费者角度出发，获得了她们的肯定，将她们吸引成为自己的忠实顾客，从而取得销售上的成功。

问题引出：

哥弟女装是如何进行市场细分的？市场定位是什么？

制条件。

单元一　服装市场细分

一、服装企业市场细分的三个原因

1. 消费者需求的异质性

消费者需求的异质性是指每一个消费者对产品的需求是不一样的。对于服装产品而言，服装在满足消费者低层次需要的同时，还反映消费者的经济水平、文化修养、个性特点等方面。服装市场消费者希望通过服装彰显个性，不愿意与别人相同，这为服装市场的细分提供可能。

2. 消费者需求的同质性

消费者需求的同质性是指某一群消费者对某一种产品的需求特点和消费习惯大致相同，企业可以按其相似的需求特点提供产品和服务。服装消费者在相同的地理条件、社会文化环境下形成类似的人生观、价值观的亚文化群，他们对服装产品的需求特点和消费习惯大致相同。正是因为服装消费者在服装需求上的这种同质性，使服装市场细分有了实现的可能性。

3. 服装企业有限的资源

服装消费者对服装需求的异质性，使得服装企业不可能满足各类不同消费者的需求。服装企业由于受到自身实力的限制，无法提供能够满足一切消费者需求的产品和服务。为了有效竞争，服装企业必须进行市场细分，结合自身资源，选择最有利可图的目标细分市场，制定有效的营销策略，最终占据竞争优势。

二、服装市场细分的定义

市场细分的概念是美国市场学家温德尔·史密斯（Wendell R. Smith）于1956年提出的。顾客需求的差异性是市场细分的内在依据，企业资源的限制和进行有效的竞争是市场细分的外在强制条件。

服装市场细分（Clothing market Segmentation）是服装企业按照细分标准，采用适当的方法，找出影响消费者购买特定产品的关键性因素，把一个产品的整个市场分隔成数个较小的同质群体，并为之提供不同标准的产品和服务的消费者群的过程。

从服装市场细分概念可以看出：①服装市场细分的客观依据，是现实及潜在消费者对服装产品需求的差异性。②服装市场细分的对象是消费者群体，而不是服装产品本身。③服装市场细分是一种存大异、求小同的市场分类方法。④服装市场细分的目的，在于帮助服装企业发现和评价市场机会，以正确选择和确定目标市场。

三、目标市场细分的步骤

服装市场细分由三个步骤组成：一是市场细分；二是目标市场选择；三是市场定位（图5-1）。

图5-1　市场细分步骤

（1）**服装市场细分：**服装企业要对整个服装市场进行市场调研，了解服装市场的现状，然后按照地理特征、人口因素、社会心理因素和行为因素对服装市场进行细分，将整个大的服装市场细分为若干个具有同质性的小市场。

（2）**服装企业目标市场选择：**服装企业面对细分市场，结合企业自身资源，做SWOT分析，找出企业机会和成功概率大的细分市场，作为企业的目标市场进行开发，企业可以根据自身实力和资源，开发一个或几个细分市场。

（3）**服装市场定位**：服装企业选定目标市场后，要对目标市场进行定位描述，然后通过广告等各种形式传递给消费者。

四、服装市场细分的作用

服装市场细分是帮助寻找目标市场，同时分析、研究消费者和竞争对手，为企业制定市场营销策略提供依据，市场细分对服装企业的营销策略的制定起着重大作用。

（1）通过市场细分，有利于服装企业发现市场机会，发现消费者还没有被满足的需求。

通过市场细分，企业可以对每一个细分市场的购买潜力、满足程度、竞争情况等进行分析对比，探寻有利于本企业的市场机会。在市场细分的过程中，通过对特定人群对服装需求的差异性研究，可以发现已出现于市场上，但尚未得到满足的需求，这种需求往往是潜在的。服装企业的主要任务是发现和寻找适合本企业开发的、新的细分市场，从而抓住市场机会，使企业赢得主动权。例如，某服装企业在细分市场的过程中发现，有一部分女性消费者为了突出自己的性格特点，在穿着服装上喜欢中性装，或者偏男性一些的服装，来显示自己的与众不同。于是在细分市场时，将服装市场分为男性、女性和中性。

（2）通过市场细分，有利于企业制定符合市场需求的、最有效的营销组合策略。 市场细分是市场营销组合策略运用的前提。即企业要想实施市场营销组合策略，首先必须对市场进行细分，确定目标市场。因为任何一个优化的市场营销组合策略的制定，都是针对所要进入的目标市场的。离开目标市场，制定市场营销组合策略就无的放矢，这样的营销方案是不可行的，更谈不上优化。对服装市场的细分是制定最优营销组合运用的前提，结合企业自身特点分析，使企业在竞争中取得优势，提高市场占有率。

（3）通过市场细分，有利于企业在与竞争对手的竞争中取得优势。 服装市场的消费者需求日益个性化，细分变量越来越多样化，在日趋激烈的服装市场竞争中，服装企业通过市场细分，发现消费者需求的个性化、多样性，从而在产品日趋同质化的服装市场上，开发出有特色的产品，以满足不同细分人群的需求，提高市场竞争能力，成为服装行业的领先者。例如，日本有两家最大的糖果公司，以前生产的巧克力都是满足儿童消费市场的。森永公司为增强其竞争力，研制出一种“高王冠”的大块巧克力，定价 70 日元，推向成人市场。明治公司也不甘示弱，通过市场细分，选择了三个子市场：初中学生市场、高中学生市场和成人市场。该公司生产出两种大块巧克力，一种每块定价 40 日元，用于满足十二三岁的初中学生；另一种每块定价 60 日元，用于满足十七八岁的高中学生；两块合包在一起，定价 100 日元，用于满足成人市场。明治公司的市场细分对策，比森永公司高出一筹。

（4）通过市场细分，有利于整合企业优势资源，发挥企业优势。 任何一个企业对于整个市场来说营销能力都是有限的，一个企业不可能满足所有消费者的需求。服装企业在对服装市场进行细分的同时，也要对企业自身和营销环境进行 SWOT 分析，两者结合，找出本企业具有优势的细分市场，将企业的优势资源集中到目标市场上，在目标市场上取得竞争优势，获取最大市场份额，稳固市场定位。

五、服装市场细分的原则

一个有效的服装市场细分应具有可衡量性、可接近且占有性、足量且可营利性和稳定性。

1. 可衡量性

所谓细分市场的可衡量性，是指用于市场细分的标准和细分以后的市场是可以衡量的。

它包括三个方面的内容：第一，服装市场消费者需求具有明显的差异性。第二，它是指对消费者需求的特征信息易于获取和衡量，能衡量细分标准的重要程度并进行定量分析。第三，它是指经过细分后的市场范围、容量、潜力等也必须是可以衡量的，这样才有利于确定目标市场。

2. 可接近且可占领性

所谓可接近性，是指服装企业通过对细分市场的研究发现，企业容易进入该细分市场。而可占领性，是指经过细分的市场是企业的优势市场，企业在这个细分市场上具有很大的优势，可以利用现有的人力、物力和财力去占领的。

3. 足量且可营利性

足量且可营利性是指企业选定的目标市场的市场容量能够保证企业获得足够的利润，是指细分市场的大小和利润值的单独营销的程度，即划分出来的细分市场必须是值得采取单独营销方案的最小单位。任何企业经营的最终目的都是为了获得足够利润，企业细分市场的目标顾客足量，购买力充足，是有效市场细分的前提条件，也是理想市场的条件。

4. 稳定性

稳定性原则是指经过服装市场细分后确定的目标市场具有长期的稳定性，企业投入人力、物力和财力开发细分市场，是为了长期在目标市场上获取利益，所以，细分市场在一定时间内应具有市场容量的稳定性、购买力的持续性和企业在该市场上的持续优势。

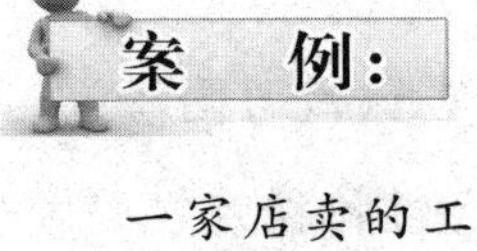

一家店卖的工具都是右手使用的工具。一位德国人分析这个现象：

1）有些工具左撇子用不了。2）德国人11%是左撇子。3）左撇子希望买到合心意的工具。于是他开了间左撇子工具公司，生意兴隆。

这德国人是怎么细分市场的？

六、服装市场细分的变量

服装市场细分是对消费者的细分，消费者需求的差异性是市场细分的内在依据。引起消费者需求差异的变量很多，不是单一变量。服装企业在对整个服装市场进行细分时采用的变量也是组合变量。企业细分市场变量如表5-1所示。

表5-1　　市场细分变量

细分变量	二级变量	细分内容
地理变量	地理区域	国内、国外；北方、南方；东部、西部；东北、华南、华北等
	城市规模	一线城市、二线城市、三线城市
	人口密度	集聚核心区、高度集聚区、中度集聚区和低度集聚区
	气候	热带季风气候、亚热带季风气候、温带季风气候、温带大陆气候等
人口变量	性别	男性、女性、中性
	年龄	婴儿期（0～3岁）、幼儿期（3～6岁）、儿童期（6～12岁）、少年期（13～15岁）、青年期（16～35岁）、成年期（36～60岁）、61～79岁为老年期，80～89岁为高龄期，90岁以上为长寿期
	家庭生命周期	青年单身期、家庭形成期、家庭成长期、子女教育期、家庭成熟期、退休养老期
	家庭成员数量	1～2人，3～4人，5人以上
	月收入	2000元以下，2000～4000元，4000～8000元，8000～15000元，15000元以上
	职业	机关工作人员、专业技术人员、教师、私营业主、学生、军人、技术工人、农民、家庭主妇等
	教育程度	小学、初中、高中、职业技术学院、大学本科、硕士研究生、博士研究生等
	宗教	佛教、天主教、基督教、道教、伊斯兰教等
社会心理变量	社会阶层	贫困阶层、温饱阶层、小康阶层、中产阶层、富裕阶层、富豪阶层
	生活方式	城市生活方式、农村生活方式；现代生活方式、传统生活方式

续表

细分变量	二级变量	细分内容
社会心理变量	个性	完美型、助人型、成就型、艺术型、智慧型、忠诚型、活跃型、领袖型、和平型
行为变量	使用场合	工作场合、家庭场合、社交场合、户外、运动场合
	追求利益	质量、价格、品牌、方便
	使用者状况	潜在使用者、初级使用者、经常使用者、品牌忠诚者
	购买时间	换季购买、节假日购买、新品上市购买、需要时购买

（一）地理变量

地理细分变量包括地理区域、城市规模、人口密度、气候等因素。企业根据这些因素来细分市场，满足不同区域消费者对产品的需求。生活在不同地理区域的消费者，由于气候、传统文化、经济发展水平不同，产品需求不同。例如，在我国北方，冬季人们需要大量的保暖服装：羽绒服、棉衣、皮衣等，以度过寒冷的冬季；而在南方，人们一年四季都穿单薄的服装。城市规模和人口密度也常常是服装企业细分市场的重要因素，一些知名服装品牌会将自己的专卖店首先设在人口密度大、城市规模大的一线城市，在逐渐发展到二、三线城市，而一些地方品牌，往往会首先立足在小城市，随着品牌的发展再逐渐扩展到大城市。

（二）人口变量

人口细分变量包括性别、年龄、家庭生命周期、家庭成员数量、月收入、职业、教育程度、宗教等。人口细分变量一直是消费者市场细分的最主要变量，尤其对于服装企业，服装消费者对服装产品的需求差别受消费者的性别、年龄、收入、职业、教育程度等因素影响较大，且细分变量人群内部的消费者又具有共性，同时，人口细分变量具有可衡量性和易操作性。

1. 性别

性别是影响消费者购买的重要因素，很多商品在用途上具有明显的性别特征，特别是在服装、美容美发、化妆品、手表和洗涤用品等市场上，性别直接影响消费者对产品的选择。近年来，随着经济的发展，人们生活水平的提高，将性别作为细分市场变量的商品类别越来越多。例如，有一些汽车企业会针对女性消费者开发适合女性消费者的汽车，在产品内饰、颜色、外观等方面开发符合女性消费者的产品。除了传统的男性、女性市场外，近年来，中性市场也被很多企业在市场细分中作为目标市场进行开发。

2. 年龄

由于不同年龄阶段的消费者，对消费品的需求有很大的区别。加上不同年龄阶段消费者生理特点、经济收入、性格爱好、工作性质等的不同，对消费品的需求往往存在很大差异。因此，企业通常会把年龄因素作为细分市场的重要因素。对于服装市场而言，年龄不同需求差别更大，服装市场按照年龄细分可以分为：婴幼儿服装、儿童服装、青少年服装、青年服装、中年服装、老年服装等。女装市场年龄阶梯更小，青年女装还会分为少女装和熟女装。许多服装品牌会根据消费者年龄层次的不同开发不同的产品线。

3. 家庭生命周期和家庭成员数量

家庭生命周期和家庭成员数量也是许多企业细分市场的变量。许多消费品的购买是与这两个变量相关的。例如，家用电器、食品、住宅、汽车等。家庭生命周期可以分为以下几个阶段：青年单身期、新婚期、满巢期、空巢期和丧偶独居期。

（1）**青年单身期：**是指开始参加工作至结婚的 1 ~ 5 年。这个阶段的收入比较低，资产较少，消费重点是培养未来的获得能力，是投资自己的大好时机。消费支出包括学历提升、技能培训等。单身青年期的特点是年轻、单身，没有经济负担，好奇心强，是服装新产品、时尚、流行新品的强有力消费者。

（2）**新婚期**：是指从结婚到新生儿出生的1～5年，家庭成员为2人。刚结婚还没有小孩的年轻夫妇，通常夫妻双方都在工作，因此，他们的可支配收入也较高，随着经济收入增加，家庭已经有一定的财力，是家庭的主要消费期。由于生活较为稳定，家庭支出主要用于提高生活质量，会购买一些较高档的服装、服饰用品、奢侈品等。

（3）**满巢期**：是指小孩从出生直到上大学前的9～15年，家庭成员一般为3～4人。满巢阶段又通常被划分为两个阶段：满巢阶段一，是指家庭有6岁以下的子女。这一阶段是家庭用品购买的高峰期，家庭支出主要用于儿童用品、学习教育、智力开发；满巢阶段二，是指家庭有6岁以上未成年的子女。这一阶段，家庭成员不再增加，孩子的自理能力增强，父母经济收入稳定，家庭购买日趋理性，家庭支出主要用于子女教育和提高生活品质方面，父母服装消费以经济耐用为主，一般拥有固定的服装品牌，是品牌忠诚者。

（4）**空巢期**：是从子女开始独立生活到丧偶。这一阶段，夫妻双方经济状况达到高峰值，家庭收入较高且稳定，子女已完全独立。用于家庭生活的开支减少，家庭购买逐渐转向医疗保健用品、娱乐旅游休闲用品，服装消费偏休闲、运动，基于健康理念，会注重服装的舒适性，不在意价格。

（5）**丧偶独居期**：单身独居阶段，收入稳定，支出保守，主要用于生活必需品和医疗保健品。

4. 收入

消费者的收入直接影响消费者的购买能力。收入是企业细分市场的主要因素。根据消费者收入水平的高低，可将消费者划分为超高收入、高收入、中等收入、低收入、超低收入五个群体。不同收入的消费者购买产品的种类和档次不同。超高收入的消费者往往是游艇、豪车、珠宝首饰、名人字画等的购买者，而超低收入者的主要消费为食品、服装等生活必需品。服装企业在细分市场时，收入是重要衡量指标，收入不同，消费者选择服装的档次不同，很多服装企业会针对消费者的收入开发不同系列的品牌。

5. 职业

工作生活占据了我们大部分的时间，职业很大程度决定了消费者的生活方式、兴趣爱好，职业也是消费者社会阶层划分的因素之一。因此，不同职业的消费者，由于其生活方式、兴趣爱好、社会阶层、参照群体等不同，其在消费需求、购物方式、购物场所等方面存在很大差异。服装配饰作为消费者的外在表达，人们往往会通过一个人的服装配饰，判断其职业类型。如政府工作人员和影视明星在服装配饰上的需求会相差很大。

6. 教育程度

消费者的教育程度不同，其在文化素养、价值观念、审美等方面表现不同，进而影响消费者的消费行为。

（三）社会心理变量

社会心理变量包括社会阶层、生活方式和个性等，是按照消费者的心理特征来细分市场的。

1. 社会阶层

社会阶层的划分因素包括受教育程度、职

业、经济收入、家庭背景及社会技能等影响，是一个多因素的系统决定。同一社会阶层的消费者在价值观和行为模式上具有共同点和相似性。例如，美国商业心理学家和社会学家把美国社会划分为六个社会阶层：上上层、上下层、中上层、中下层、下上层和下下层。其中上上层的消费者消费的产品包括：名贵珠宝、名人字画、古董等。企业根据消费者社会阶层的不同细分市场，配合开发不同的产品、使用不同的广告媒体和不同的营销渠道。

资料链接：

美国社会阶层划分及各阶层消费特点

1. 上上层（不到1%）

上上层继承大量遗产，出身显赫，他们捐巨款给慈善机构，经常举办社交舞会，拥有豪宅，孩子在最好的学校学习。这些人是珠宝、古玩、住宅的主要消费者。

2. 上下层（2%左右）

上下层的人在职业和业务方面能力非凡，拥有大量财产，他们薪资很高，对社会活动和公共事业积极热心。他们的消费集中在昂贵的住宅，孩子就读在一流的学校，是游艇、高档车的消费人群。

3. 中上层（占12%）

这一阶层没有高贵的家庭出身，他们重视职业前途，具有较好的职位，是独立企业家，高层管理者、医生、律师等，注重子女的教育。他们选择较好的住宅，穿着考究，追求家庭装修。

4. 中下层（30%）

中间层是中等收入的白领和蓝领工人，他们居住在城市中较好的地段，有良好的公共道德，在消费上追求时尚，拥有进口汽车，对子女的教育舍得花钱，希望消费和自己的身份相符合。

5. 下上层（35%）

是人口比例最多的一个阶层，包括中等收入的蓝领和生活方式符合劳动阶层的人，他们大都受教育程度较低，这一阶层的人喜欢听从亲朋好友的建议，多数为习惯性消费行为，喜欢经济实用。

6. 下下层（20%）

这一阶层处于最低端，教育经历少，是低档商品的消费者。

（资料来源：荣晓华，消费者行为学，东北财经大学出版社）

2. 生活方式

生活方式是人们如何生活、工作、休闲和进行其他活动。消费者选择什么样的方式生活、用什么态度生活，会形成自己的生活习惯。例如，有些人追求绿色健康的生活，他们往往会选择骑自行车出行而不是开车，他们会选择在家里自己烹饪，而不是到饭店就餐；还有一些人，他们追求高效率的生活，在生活、工作、娱乐、休闲过程中，追求效率，追求质量，守时而认真。生活方式影响消费者的需求和欲望，进而影响消费者的购买行为。

影响消费者生活方式的因素包括社会阶层、职业、价值观、家庭生命周期和生活经历等。通过1997年以来在中国市场进行的关于居民媒体接触习惯和产品/品牌消费习惯的连续调查积累的大量翔实的数据，新生代市场监测机构对中国消费者进行了心理层面的分析，建立了适应中国市场复杂的经济态势下的中国消费者生活形态模型—CHINA—VALS。这一模型把中国消费者按照消费心理因素分为14种族群：理智事业族、经济头脑族、工作成就族、经济时尚族、求实稳健族、消费节省族、个性表现族、平稳求进族、随社会流族、传统生活族、勤俭生活族、工作坚实族、平稳小康族、现实生活族，其中最大族群为随社会流族。生活方式是市场细分的主要因素。根据对目标顾客群体生活方式的了解，可以预测消费者的消费行为，掌握其购买倾向，进而引导购买。

3. 个性

个性是个人在适应环境的过程中所表现出来的系统的、独特的反应方式。个性是一个人比较稳定的心理倾向和心理特征，一般会通过个体外在的性格表现，如自信、自主、支配、顺从、保守等。性格外向、容易感情冲动的消费者往往好表现自己。因而，他们喜欢购买能表现自己个性的产品；性格内向的消费者则喜欢大众化，往往购买比较普通的产品；富于创造性和冒险心理的消费者，则对新奇、刺激性强的商品特别感兴趣。服装企业可以根据消费者的个性特征进行分类，作为细分市场依据。

（四）行为变量

行为变量包括购买时机、购买数量、购买频率、追求利益、购买动机、对品牌的忠诚度以及消费者的态度等。

1. 购买时机

服装企业可以根据消费者产生购买需求、实施购买和使用产品的时间来进行服装市场细分。如服装企业在不同季节召开服装产品发布会、产品订货会等。有些服装企业为了增加销量、减少库存而降低价格，吸引一部分错时消费的消费者，进行反季节销售。

2. 购买数量

服装企业可以根据购买数量的多少，将市场细分为批发市场和零售市场，也可以根据消费者的购买情况，细分为集团采购、团体顾客、个人顾客和私人定制等。针对不同顾客群购买情况，采取不同的促销策略。

3. 购买频率

服装企业可以根据消费者的购买频率将市场细分为经常购买者、一般购买者、曾经购买者、潜在购买者、未购买者。据统计，开发一个新顾客的成本远远高于维持一个老顾客的成本，所以，服装企业往往很重视对老顾客的维护，会应用各种营销策略，满足他们的需求。针对潜在购买者，有实力的大企业会着重开发新产品，扩大市场占有率，以期保持自己的市场领先地位。

4. 追求利益

服装企业根据消费者购买产品和使用产品时追求的利益来进行市场细分。消费者对产品追求的利益主要有求实、求廉、求新、求美、求名、求安等。例如，年龄较小的消费者购买服装往往追求款式新颖、流行时尚，而中年消费者往往追求品质，品牌意识较强。服装企业可根据消费者购买产品时追求利益的不同，细分市场，选定目标市场进行市场开发。

5. 购买动机

购买动机是直接驱使消费者实施某种购买行为的一种内部驱动力，反映了消费者在心理、精神和感情上的需求，是消费者在购买过程中解决“为什么”的问题，是消费者购买过程的根源。根据购买动机的性质可以分为生理性消费动机和心理性消费动机。

生理性消费动机可以细分为生存性消费动机、享受性消费动机和发展性消费动机。生理性消费动机是为了满足生存需要而激发的购买动机，是消费者为了维持自身生存而产生的对基本生活用品的需求。享受性消费动机是消费者为了提高生活质量、增添生活乐趣而产生的对各种娱乐、享受消费品的需求。消费者为了享受生活而对化妆品、名牌服装、高档商品产生购买动机。发展性消费动机是消费者为了满足消费者的发展需求而激发的购买动机，是消费者为了提高个人才能而产生的购买动机。例如，学业水平提高、专业技能培训等。

心理性消费动机可分为感情动机、理智动机和惠顾动机。感情动机是指由消费者的情绪和情感变化引起的心理性消费动机。消费者在营销环境因素影响下，可以在一瞬间就做出消费或放弃消费的决定。情感动机是由消费者的道德感、理智感和美感等触发的消费动机。理智动机是消费者通过对商品或服务客观认识之后，经过分析、比较之后产生的一种消费动机。惠顾动机是消费者在根据过去的消费经验，对某家商场或某种商品产生了特殊的信赖和偏好心理，从而习惯性购买的一种消费动机。

6. 品牌忠诚度

根据消费者对品牌的忠诚度可以将消费者划分为坚定的忠诚者、动摇的忠诚者、转移的忠诚者和非忠诚者等。在服装市场中，有些消费者忠诚某个品牌，是品牌的坚定忠诚者，比如哥弟女装，由于其定位准确，定位于那些对流行时尚有追求，却又没有身材优势的35岁以上、具有经济实力的女性消费者，这些人很快成为其品牌坚定的忠诚者。品牌忠诚对企业是最大的客户资源，企业应分析其需求特征，更好地服务这部分消费者，必要时应给与这部分顾客某种形式的回报，鼓励其购买行为。

课堂讨论：

一个理想的市场细分应该具备怎样的条件？

单元二　服装企业目标市场的选择

目标市场（Market Targeting）是STP战略的第二步，是市场细分的下一个步骤，市场细分将整个市场划分为若干个具有明显差异的子市场，目标市场是在上述子市场中，企业根据自身情况选择开展营销活动的特定细分市场。市场细分是目标市场选择的前提和条件，目标市场的选择是市场细分的目的和归宿。

一、服装企业目标市场选择考虑的因素

服装企业目标市场的选择是指企业从细分市场的子市场中，根据一定的标准和要求，选择其中的一个或几个目标市场作为服装企业最终经营目标的决策过程。

1. 企业的资源和能力

企业的资源和能力是服装企业选择目标市场首要考虑的因素。企业选择进入目标市场是为了盈利，企业首先要清楚自己的资源和能力，在哪一个子市场中能占据优势，如何在接下来的竞争中拔得头筹？

2. 细分市场的吸引力

从市场构成角度讲，企业在考察细分市场的吸引力时，要考虑所选择的目标细分市场是不是有足够的目标顾客，这些顾客是不是拥有够买能力，他们是不是愿意购买我们的产品。企业应全面考核判断，细分市场的吸引力是否能够满足企业开发市场的需求。

3. 产品特点

企业在考虑目标市场选择的时候，还应该考虑产品的特点，对于服装产品而言，服装产品的价值包括服装产品本身的价值和服装产品带来的附加值两个方面，服装产品的价值同时又受到服装的流行性、地域性和季节性影响，所以企业在考察目标市场时，应充分考虑服装产品的特点。

4. 竞争状况分析

美国哈佛商学院教授迈克尔·波特认为，行业中存在着决定竞争规模和程度的五种力量，这

五种力量综合起来影响着产业的吸引力以及现有企业的竞争战略决策。五种力量分别为现实竞争者、潜在竞争者、替代产品竞争者、购买者和供应商。企业必须认真评估这五种力量对企业开发目标市场的影响。

二、目标市场选择覆盖模式

由于服装市场的多样化和差异性，服装企业不可能满足市场上所有消费者的需求，服装企业在对不同的细分市场进行评估后，结合企业自身情况，来选择为多少个子市场服务，这种选择子市场的覆盖模式不是一成不变的，服装企业可以根据市场环境的变化和企业能力的变化，进行动态调整。

1. 市场集中化

市场集中化覆盖模式是指服装企业只生产一种产品，专门满足一个客户群，是较简单的经营方式。服装企业可以充分了解细分市场的特性，企业的生产经营活动都以这个市场为中心，集中企业的物力、人力、财力等在这个细分市场上。因此，在这个细分市场上，企业可以占据有利的市场地位，获得较高的回报率。

市场集中化覆盖模式的优点是：服装企业可以集中企业力量了解细分市场，分析目标顾客。对于一些资源有限的小企业或新成立的企业，这种覆盖方式是不错的选择。例如，有些企业只经营婚纱，随着新人对婚纱的需求多样化、独特性的需求，婚纱市场也有很广阔的前景，一些专做婚纱的企业也获得了商机，例如，大连的一生一纱婚纱礼服有限公司，是专业从事婚纱定制、旗袍定制、婚纱礼服定制的企业。市场集中化覆盖模式的缺点是：由于目标市场单一，范围窄，所以经营风险较高。

2. 产品专业化

服装企业只生产一类产品，向不同客户群销售这种产品。服装公司会了解不同客户群对这种产品的需求特点，设计生产出满足各个客户群特点的产品。例如，有的服装公司只生产下装，满足不同年龄层顾客的裙装和裤装，其专业性得到顾客的肯定，在竞争激烈的服装市场上由于补缺得当，可获得不错的业绩。这种覆盖模式的优点是：不同客户群的子市场可以分散企业的经营风险，降低企业的经营风险；缺点是：如果有了替代产品，企业将面临威胁。

3. 市场专业化

服装企业致力于满足某类顾客群的需求。企业的所有经历都用于研究这个顾客群的服装需求，满足这个顾客群在各种场合的所有产品需求。例如，企业选定的目标顾客群为儿童，企业就围绕儿童这个顾客群开发其所需求的所有产品，除服装外还可能开发玩具等。这种覆盖模式的优点是：企业集中力量研究一类顾客群，满足其各种需求，能够稳固和顾客的关系；缺点是：如果对这个顾客群了解不够，就容易失去整个市场。

4. 选择专业化

企业在细分市场的过程中，发现有几个市场的吸引力和发展前景都很好，并且企业有能力去开发这些市场，企业会根据这些细分市场的特点，分别设计和开发产品，并进入这些市场。这些子市场之间可能根本没有联系，但企业进入这些子市场都可能获利。这种选址专门化覆盖模式的优点是：可以分散企业的风险，即使某个子市场失去吸引力，也不会影响其他子市场为公司获利；缺点是：对公司的实力要求大，对企业的规模、开发产品的能力、销售团队的能力等要求较高。

5. 全面覆盖

这通常是实力强大的公司采取的覆盖模式。即企业为细分市场上每一个子市场上的顾客群提供他们需要的产品，全方位进入每一个子市场。如国际商用机器公司（IBM）在计算机领域内全面出击。

三、目标市场进入与营销策略

服装企业根据所选细分市场的特性结合企业自身目标，在进入所选定的目标市场时，一般有三种营销策略可以选择。

1. 无差异性营销策略

无差异性市场营销策略是指服装企业并不考虑细分市场之间存在的差异，把细分市场看成是一个整体的市场，认为所有的目标顾客对服装的需求是没有差异的。因此，服装企业只推出一种产品或一种营销方案来吸引目标顾客。

无差异性市场营销策略适合各细分市场之间差异较小的情况下使用，对于刚刚成立的新企业或产品刚刚上市，竞争优势明显的情况下，企业可以采用这种营销策略。无差异性营销策略的优点是：由于产品或者销售手段单一，可以通过扩大生产规模降低成本，同时管理成本和经营成本也随之降低，使得企业利润最大化。

2. 差异性市场营销策略

差异性市场营销策略是指服装企业充分考虑各个细分市场之间的不同，将整个服装市场细分为若干个子市场，针对每一个细分市场消费者需求的不同，制定不同的营销方案。例如，哥弟服饰有限公司针对不同年龄段的女性分别推出哥弟和阿玛施两个品牌。

差异化市场营销策略因为充分考虑到不同消费者对服装产品需求的差异性，针对不同需求的消费者开发不同特点的产品，以满足消费者的个性化需求，同时也扩大了企业产品的销量。

差异化市场营销适合企业实力雄厚，能针对不同需求消费者使用不同营销组合策略，开发个性化需求产品、使用不同的推广手段。差异化市场营销的优点是：企业占领不同的细分市场，可以实现小批量、多品种，经营手段灵活，可以及时调整产品策略；企业在多个细分市场上经营，能够分散企业经营风险；针对细分市场宣传推广，能够扩大市场占有率，增加销量。差异化市场营销的缺点是：首先是成本增大，产品成本、调研成本、渠道成本、促销成本等；其次是不同细分市场之间的资源分配问题，是不是能够较好的协调，要避免出现资源分配不均的现象；最后是不同细分市场之间也是竞争关系，如何确保市场细分的差异性突出，目标顾客群特征明显，避免顾客群争夺。

3. 密集性市场营销策略

密集性市场营销策略是在市场细分成若干个子市场后，选择其中一个或者少数几个细分市场进入，将企业的人力、物力、财力集中在所选的细分市场上，力争在自己所选择的市场上获得较大的市场份额，做到专业。

密集性市场营销策略与无差异市场营销策略及差异性市场营销策略不同的是，前两者企业都是把整个市场作为目标，采取不同的营销策略进入。密集性市场营销策略则是集中企业的全部力量进入一个或少数几个细分市场，实现专门化。其优点是：企业集中力量在某一细分市场，对这个市场内的消费者更了解，相应开发出适合这个群体的营销策略，能够更好地满足消费者需求，更容易获得成功；对企业实力要求较小，对于小企业或刚刚成立的企业适合采用这种策略。缺点是：目标群体范围小，企业发展受限，一旦目标市场发生变化，企业将陷入经营困境。

链　接：

丽婴房（Les enphants）

Les enphants 隶属于上海丽婴房婴童用品有限公司，取自法文“孩子们”的含义。品牌理念希望能够带给孩子快乐和美丽，更希望能够将孩子最本真、最自然的一面展现出来，给孩子一个自由平等的空间。

和平与希望是创办丽婴房的理念，小象是 Les enphants 的标志，由词组 Les enphants 中提取 ph 两个英文字母，并将其创意组合成小象的外形。用孩子稚拙的笔触描绘出它快乐可爱的憨态，它仿佛是孩子们喜爱的玩伴，好奇地睁大眼睛，歪着脑袋朝孩子们微笑。

图 5-2　丽婴房 POP 海报

丽婴房设立的使命和责任就是期许提供孩子舒适、合用的商品，并能陪着孩子一起快乐长大，把孩子的需求当作是丽婴房的事业主轴，坚持品质，用心服务，帮助中国的爸爸妈妈更完善、更体贴地照顾他们的孩子。

由于其定位为婴幼儿，专注于婴幼儿产品，企业发展迅速，在全国 80 个主要城市有近 1000 个零售据点，在 90 个二三线城市有 1500 多个经销点。上海丽婴房拥有近 200 家门市，在中国前 100 家最著名的商场里开设了约 700 个专柜。很多顾客认识丽婴房都是从 Les enphants Baby 开始的，那粉粉嫩嫩的色系和优雅精致的款式，吸引了众多年轻的爸爸妈妈们进入了丽婴房的世界。从奶瓶、奶嘴，到童车、童床，从清洁护肤到成长训练，从内衣到寝具，从妈妈怀孕到宝宝出生，以及宝宝成长中的各阶段，都可以在丽婴房找到最适合自己的用品。多样的品牌选择，丰富的商品组合，让消费者轻松享受一站式购物的惬意体验。丽婴房除发展自有品牌外，还不断引进国际知名品牌，从小童到大童，来自英国的经典，来自法国的浪漫休闲，来自意大利的高贵，来自美国的时髦前卫，各种风格打造……丽婴房已发展成汇聚众多知名品牌，满足各个年龄段孩子个性需求的童装王国。

（资料来源品牌网：https://www.chinapp.com/pinpai/111269）

单元三　服装市场的定位

市场定位（Marketing Positioning），STP 战略的第三步。服装企业在细分的若干个市场中，选择自己的目标市场，并制定相应的营销策略，企业要把自己的形象个性传达给消费者。

一、服装市场定位

服装市场定位就是服装企业通过对服装市场上同类产品进行对比分析，针对目标消费者和潜在消费者对服装产品属性的重视程度，塑造企业产品的鲜明形象，并将这种与众不同的形象传达给消费者，使得消费者在众多的同质化产品中明显感觉到企业产品的特殊性，形成独特的产品价值。

市场定位的实质是在同质化的产品竞争中寻求差异化，并将这种差异化，旗帜鲜明地传达给目标顾客。

二、市场定位的方法

1. 根据产品特点定位

提炼企业产品与其他企业产品的不同点，是市场定位的最常用方法。企业通常分析构成产品特色的因素，进行归纳、总结，形成独特的品牌特点，再宣传推广。例如，“农夫山泉有点甜”让消费者深深记住了农夫山泉饮用水的特点。“七喜”的非可乐定位，强调其成分与可乐不同。这些都是成功的根据产品特点来定位的案例。服装产品可以从服装产品的面料、设计特点、做工质量等来区分。大连大杨创世服装有限公司的广告用巴菲特的语言“我爱穿创世西服”，彰显其西服品质。

2. 根据产品功能定位

根据产品的应用场合、使用功能定位，也是很多企业市场常用的定位方法。例如，很多企业结合中国人有送礼的习俗，开发礼品市场，如大家耳熟能详的“脑白金”；手机品牌 OPPO 和 VIVO 的定位不同，前者更注重音乐功能，满足消费者对音质的需求，后者更注重拍照功能，“前后两千万，逆光更清晰”，使得很多使用手机拍照的消费者趋之若鹜。在服装企业，一般会根据消费者选择服装的功能性和使用场所，清晰定位，比如职业装、休闲装、运动装等。

3. 根据顾客的需求定位

企业通过调研细分市场充分了解消费者购买产品时追求的利益，从而满足顾客的需求，并以此定位，传达给消费者。例如，海澜之家的广告语“海澜之家，男人的衣柜”“一年只逛一次海澜之家”，告诉男性消费者，你的需求都在这里，不需要再去东奔西走，满足男性消费者不愿意逛街的需求。

企业在定位时，可能不止考虑一种因素，一般是多种因素结合起来，以形成品牌独特气质。

三、市场定位的方式

市场定位的目的是彰显本企业产品与竞争企业产品的不同，是企业让消费者迅速识别的有效方法。定位的主要目的是在市场竞争中取得竞争优势，展现企业产品的与众不同。通常有以下三种定位方式。

1. 避强定位

避强定位是指企业在选择目标市场时，选择市场空白点，也是市场补缺者，这种定位的企业避开强有力的竞争对手，而选择市场上目前没有或竞争对手不强的市场领域。这样的市场定位，使企业能尽快在市场上形成优势，占领市场，得到消费者认可。这种定位方法市场风险小，企业容易成功，特别适合新成立的企业。例如，手机中的老年手机，服装产品中的婚纱、特体服装等。

2. 对抗定位

对抗定位与避强定位完全不同，是企业为了在市场上取得领先地位。在市场定位时，与市场上实力较强的竞争对手对抗，采取相同的定位方式，争取相同的目标顾客群。这种定位要求企业具有与市场领先者抗衡的实力，是市场挑战者。一旦取得成功，企业将获得巨大市场份额，当然也存在极大的市场风险。企业应该充分评估自己的实力，避免盲目冲动。例如，可口可乐和百事可乐的竞争，阿迪达斯和耐克的竞争等。

3. 重新定位

重新定位是指随着企业发展，产品进步、竞争加剧使得企业产品销路不好时，企业要对自己的市场重新定位。随着时间的推移，企业目标市场上消费者的需求偏好会发生变化，企业产品的市场需求逐渐减少，或有新的企业加入竞争，使得竞争激烈，企业面临经营困难，企业可以选择重新定位，寻求新的市场增长点。

实　训

1. 调研所选目标品牌是如何进行市场细分的？ 应用哪些细分因素？
2. 调研所选目标品牌的市场定位，品牌是如何进行定位传播的？
3. 制作 PPT，课堂分享。

策　略　篇

项目六

服装产品策略

PPT课件

服装产品策略是市场营销组合策略的第一步是基础。企业在发展经营之初，必须首先明确企业要提供什么样的产品去满足目标消费者的需求和欲望，首要问题是解决产品策略问题。服装产品策略包括服装品牌策略、服装产品组合策略、服装产品生命周期策略、服装产品包装策略等。

引入案例：

森马服饰：快速发展新零售　多品牌矩阵布局国际市场

2002 年，森马服饰（以下简称“森马”）创立。旗下拥有以创立于 1996 年的森马品牌为代表的成人休闲服饰，以及以创立于 2002 年的巴拉巴拉品牌为代表的儿童服饰两大品牌集群，成为一家以虚拟经营为特色，以两大服饰类别为主导产品的企业集团。

在成人服饰中的高端品牌方面，森马取得了国际知名高端时尚女装品牌 juicy couture 大中华区业务的授权，本次授权补充了森马在高端潮流时尚女装类目的布局，完善了其精品类目的品牌矩阵以及森马在大中华区中高端渠道的布局。

儿童业务板块，除了主品牌巴拉巴拉之外，2019 年，森马服饰还全资收购了欧洲领先的中高端童装集团——KIDILIZ 集团，并成功将旗下 CATIMINI 和 Absorba 两大品牌引入中国市场，相继在重点城市和天猫平台开设旗舰店铺。

多品牌矩阵搭建的同时，森马于 2019 年 1 月成立海外业务中心，统筹推进森马与巴拉巴拉品牌在国际市场的布局与发展。截止到 2019 年年底，这两个品牌已在沙特、蒙古、印度尼西亚等国家主流购物中心及百货开设了 30 家独立门店及专柜。

目前，森马海外门店的坪效产出平均值高于国内门店，为国内渠道货品组合提供了新的思路和运营实践经验。

（资料来源：女装网 https://www.nz86.com/article/4adb62c272112352017230de883e0137/）

问题引出：

1. 森马的品牌战略布局是什么？

2. 森马有哪些产品线？

单元一　服装品牌策略

“橘子就是橘子，它只可能是橘子，除非那只橘子贴上80%的消费者都知道并且信赖的新奇士品牌标签”，有了这个标签，这只橘子就有了品牌价值。品牌是消费者了解、记住产品的主要标识，是区分竞争对手的主要标志，代表服装产品的风格、特点，企业文化。

一、服装的品牌内涵

1. 品牌的含义

品牌的英文是Brand，出自古挪威文Brandr，意思是“烧灼”的烙印，当时人们通过烙印来标记家中财产。品牌是一种名称、术语、标记、符号或设计，或是将它们组合运用，其目的是通过品牌来辨识企业的产品或服务，并使之同竞争对手的产品和服务区别开来。

品牌一般由品牌名称和品牌标志组成。品牌名称即牌名，是品牌中可用口语称呼，即能用语言表达的那一部分，用于产品经营及产品的商业宣传活动。例如：李宁、安踏、爱慕等。品牌标记，是通过符号、图案、独特的色彩或字体来标识，是可以通过其记认品牌但无法用口语称呼的那部分（图6-1、图6-2）。

HLA
海澜之家

图6-1　海澜之家品牌标识

商标，是经有关政府机关注册登记受法律保护的整个品牌或该品牌的某一部分。

LI-NING

图6-2　李宁品牌标识

2. 服装品牌命名原则

（1）**品牌名称易记易读。** 在给服装品牌命名的时候，要读音简单，朗朗上口，简洁、明快。服装品牌的名字不要太长，一般不超过四个字，有利于传播和记忆。例如，杉杉、红豆、爱慕等。

（2）**寓意深刻，联想正面。** 品牌名称是消费者对企业了解的第一步，代表企业文化，品牌名称要立意高远，让消费者产生正面联想，通过品牌名称产生好的印象。例如，金利来、好又多等。

（3）**合法、尊重国家、地区文化。** 品牌命名的首要原则是符合法律法规要求，同时，品牌名称要到工商部门注册，这样才能得到法律保护。同时，品牌命名时要尊重不同国家或地区消费者的民族文化、宗教信仰、风俗习惯以及语言翻译的差异，要充分了解当地的文化差异，尊重文化差异，这样才能使品牌发展得到认可。

3. 服装品牌的作用（表6-1）

表6-1

对制造商的作用	对消费者的作用
产品或企业价值的体现	识别产品来源的分辨器
合法保护产品独特特征	质量和信誉的保障
企业竞争的武器	个人消费的表征
制造者的责任	制造商的承诺
财务汇报及品牌资产的积累	购买风险的减少

二、服装品牌策略

服装品牌决策的内容包含服装品牌化决策、

服装品牌使用者决策、品牌名称决策、服装品牌发展策略决策以及服装品牌重新定位策略决策五个方面。

1. 品牌化决策

品牌运行的首要环节是企业要不要给自己的产品创建一个品牌。是否要给产品建立品牌是由企业的产品品类、企业生产经营规模等决定的。随着经济发展和消费者品牌意识的提升，现在市场上大部分产品是拥有品牌的。在消费者的购买决策过程中，品牌影响力还是相当大的，但并不是所有产品都是拥有品牌的。例如，煤炭、自来水等产品不会因为企业不同而形成产品差异；有些服装企业只是做代加工产品，没有自己的品牌产品。

实践证明，使用品牌，尤其是运行良好的大品牌，其品牌资产是无形的。一个运行良好的品牌，是容易让消费者直接选择的，同时能保护产品的独特性，以免模仿，有利于产品追踪。当然，一个企业选择为自己的产品创建品牌也是要付出成本的，包括品牌的设计、制作、注册登记，要想在消费者心中形成品牌印象，还需要大量宣传广告费用以及良好的公共关系。同时还要承担品牌运行不好所带来的经营风险。

2. 品牌使用者决策

当企业在品牌化决策阶段决定创建品牌后，就要做出品牌使用者决策。品牌使用者决策是指企业要在使用企业自己建立品牌、使用经销商品牌和混合品牌中间做决策。

企业品牌也称为制造商品牌。企业的产品使用属于企业自己的品牌，品牌是企业自己创建、宣传和维护的。大多数企业都拥有和使用制造商品牌。如爱慕、爱慕先生、爱美丽等都是爱慕集团旗下品牌。

经销商品牌也称中间商品牌。企业将自己的商品出售给经销商，经销商利用自己的品牌来经销产品。

混合品牌，即企业将前两种品牌使用者策略混合使用，一部分产品使用制造商品牌；另一部分产品使用经销商品牌。这样既可以拥有自己的品牌，又能利用中间商渠道扩大自己的销售额。

随着社会经济的发展，营销渠道结构正在发生变化，中间商凭借丰富的客源以及完善的物流系统逐渐成为营销渠道不可忽视的一股力量。

经销商品牌拥有很多优势：经销商拥有成熟的销售渠道，特别是大型零售商拥有大量的客源，经销商能够利用自身优势将自有品牌商品陈列在显眼的位置，促进产品销售，同时拥有完整的物流运输体系，使得商品渠道系统具有绝对的优势，可以通过大批量订货来降低成本、扩大优势。当然，经销商品牌也需要经销商付出宣传费用，以及在商品库存上占用的大量资金。

3. 品牌名称决策

企业对其生产的产品品类、规格、大小、质量、定位不同时，有四种可供选择的策略为其产品制定品牌名称策略。

（1）**统一品牌策略。**即企业所生产的产品无论品类、规格、大小、质量以及定位都采用统一的品牌名称。统一品牌策略的好处是利用已有品牌的良好声誉，企业在推出新品牌时会节省很多广告费用、宣传费用，消费者很容易接受新产品，扩大新产品的销售，同时能带动老产品的销售。但它的弊端是任何一个产品线的失败都会带来整个品牌的失败，会影响企业的所有产品线。例如，通用、西门子、东芝等都是采用统一品牌策略。

（2）**个别品牌策略。**即企业对能够按照品类、规格、定位等某一标准进行分类，对分类的产品采用不同品牌名称的策略。典型案例是宝洁公司，其旗下拥有65个品牌，在洗发产品上，海飞丝主打去屑，潘婷主要针对受损发质，飘柔针对长发，沙宣主要是保湿功能。个别品牌的优势是企业的产品能更大限度地满足消费者的个性化需求，增强企业的竞争能力，一个品牌的问题不会对其他品牌产品产生负面影响，增强企业的抗风险能力。它的劣势是企业要分别管理各个品牌，每一个品牌单独进行广告宣传，需要企业有强大的财力资源和人力资源。

（3）**分类品牌策略。**即企业先对自己的产品按照产品的某类属性进行分类，例如，产品品类、产品定位等，然后对分类产品采用不同品牌名称的策略。分类品牌策略综合了上面两种品牌策略，这种策略有利于消费者辨识不同类别产品之间的不同点，特别是对企业里面产品品类区别较大的企业，适合采用这种品牌策略。

4. 服装品牌发展策略

服装品牌发展策略是指服装企业在不断成长壮大的过程中，面临企业发展的机遇，可能采取的策略。

（1）**品牌延展策略。**企业在发展过程中，利用现有的品牌资源推出新产品的策略。很多成功的企业都是通过这种方法拓宽自己的产品领域，增加消费者群，使企业得到长足发展的。例如，杭州娃哈哈集团公司成立之初是以饮品为主，后来开发娃哈哈童装。品牌延展策略的好处是可以加快新产品的认知，减少新产品的市场风险，缩短了消费者了解、认知、接受的过程。随着新品类的不断开发，企业的品牌效应得到强化，品牌无形资产得到增值，品牌形象得到提高。品牌延展策略在实施过程中一定要注意保护好品牌形象和注重品牌定位，如果在使用品牌延展策略时新的品类发生问题，会产生株连效应，影响原有品牌形象。

（2）**多品牌策略。**是指企业在同一品类产品中设立多个互相竞争的品牌，从而得到更多目标顾客的一种品牌策略。这种策略一般适用于公司的竞争能力突出，有很强的经济、管理能力，多品牌的培植和管理需要公司进行大量的广告宣传、产品研发、团队管理等。同时，不同定位的产品品牌也能给公司带来最大限度的市场覆盖，获得更多的市场份额，提升公司整体实力。例如，欧莱雅（法国）化妆品集团公司将自己的化妆品按照消费等级实行多品牌策略，其顶级品牌有HR（赫莲娜），一线品牌有Lancome（兰蔻）、Giorgio Armani（乔治阿玛尼），二线品牌有Biotherm（碧欧泉）、Kiehl’s（科颜氏），三线或三线以下品牌有Yue-sai（羽西）、L'Oreal Paris（巴黎欧莱雅）、美爵士、Garnier（卡尼尔）、小护士，彩妆品牌包括CCBPARIS（巴黎创意美家）、Shu Uemura（植村秀）、Maybelline（美宝莲），YSL（圣罗兰），药妆品牌包括Vichy（薇姿）、La Roche-posay（理肤泉）、Skin Ceuticals（修丽可）。

5. 品牌重新定位策略

品牌重新定位是指企业调整或放弃原来品牌的定位，对品牌进行再次定位的策略。品牌重新定位的目的是为了摆脱企业在发展过程中遇到的困难，使品牌得到新的发展。

（1）**品牌重新定位的原因：**

① 原有的定位不准确。

② 原有的定位出现局限性，阻碍品牌的发展。

③ 与其他竞争品牌比较，竞争优势丧失。

④ 消费者偏好和需求发生变化。

⑤ 企业需要进入新的细分市场。

（2）**品牌重新定位需要考虑的因素：**企业在重新定位时，首先要考虑能获得的收益，新的定位的市场潜量。企业要进行分析和研究，对比目前消费者数量和定位后消费者数量。其次要考虑成本。企业在重新定位前要进行大量的前期调研，重新定位后要进行宣传推广，让消费者了解品牌的新定位并接受和认同新的定位。最后，企业在重新定位时要考虑面临的困难和风险。新的定位也许得不到原有消费者的认同，企业会失去原有的市场，同时新的市场定位是否能得到消费者的认同都是企业面临的风险。

（3）品牌重新定位的过程：

① 市场调查研究，确定重新定位的原因。

② 对市场进行细分，找出新的目标市场。

③ 对目标市场进行重新定位。

④ 对新的定位进行传播。

单元二 服装产品组合策略

一、产品概念及层次

产品是企业为了满足消费者的需求和欲望而提供给市场的任何东西，包括实体商品、服务、组织、信息和观念等。

消费者购买产品不只是购买产品的实体，还包括很多附加的利益。菲利普·科特勒等营销学家使用五个层次来表述产品整体概念，包括：核心产品、形式产品、期望产品、延伸产品和潜在产品（图 6-3）。

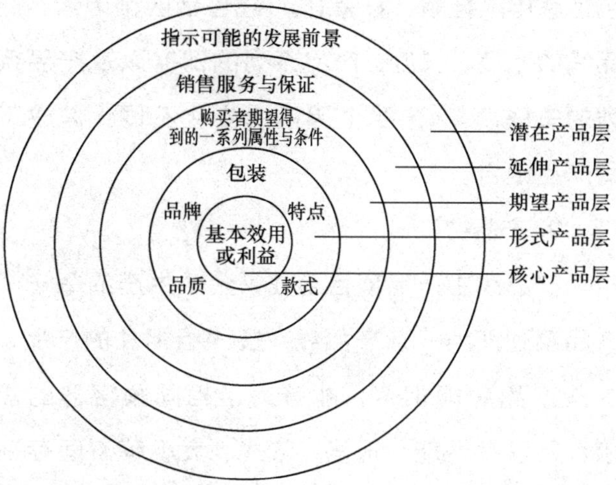

图 6-3 产品层次

（1）核心产品：是指消费者购买产品能够得到该产品的基本利益和效用，即消费者购买这种产品需要解决的基本问题，满足顾客的中心需求。如冰箱是为了制冷、保鲜，消费者购买服装最基本的功能是为了遮羞蔽体，同时满足不同生活空间和职场生活的着装需求。

（2）形式产品：是核心产品的外在表现形式，向消费者展示核心产品的外部特征，包括产品的品牌、规格、质量、包装、商标和款式等因素。

（3）期望产品：是消费者购买产品时期望获得的与购买产品密切相关的一系列属性和条件。例如，消费者在购买服装时，希望通过服装的穿着彰显自己的审美。

（4）延伸产品：也叫附加产品，是消费者购买产品后所附带的各种服务和获得的各种利益的总和。例如，产品说明书、售后服务，服装产品的免费熨烫、修改等。延伸产品是企业获得顾客忠诚的重要手段，能够在延伸产品上做好功课，使得顾客认可。

（5）潜在产品：是指现有产品未来可能呈现的状态和演变的趋势、前景。也是企业致力于开发的部分，是企业需求产品差异化的方法，满足目标消费者的潜在需求，区别于竞争对手。

二、产品组合的相关概念

1. 产品组合

产品组合是指一个企业生产或经营的全部产品线和产品项目的组合方式，或者说是企业生产经营的全部产品的结构，一个综合商场经营产品包括家电、鞋帽、服装等。它包括四个因素：产品线的宽度、长度、产品系列的深度以及产品系列的关联度。这四个因素的变化不同，构成不同产品组合。

2. 产品线

产品线由产品项目组成，企业生产的每一个产品系列即为一条产品线，是一组相关的产品，这些产品功能相似，能够满足相同顾客群的需求，只是在性能、规格、款式、大小等方面存在差异。

3. 产品项目

产品项目即产品线中那些性能、规格、款式、大小等方面不同的单个产品。

4. 产品组合的宽度

产品组合的宽度是指企业拥有的产品线总数，即企业生产经营的产品大类有几个。产品组合的宽度也称产品组合的广度，产品组合的宽窄根据拥有产品线的数量来定，多的为宽，少的为窄。如图6-4所示，产品组合宽度为三，有三条产品线。

5. 产品组合深度

产品组合深度指企业生产经营的某一条产品线的产品项目的数量。如图6-4中，第一条产品线的深度为二，第二条产品线的深度为四，第三条产品线的深度为三。

6. 产品组合的长度

产品组合的长度是指企业拥有的每一条产品线中的所有产品项目的总和。产品组合长短取决于产品项目的多少，多者为长，少者为短。图6-4中，产品组合的长度为2+3+4。

7. 产品组合的关联度

产品组合的关联度指企业生产经营的各个产品大类在最终使用、生产条件、分销渠道等方面的密切相关程度。

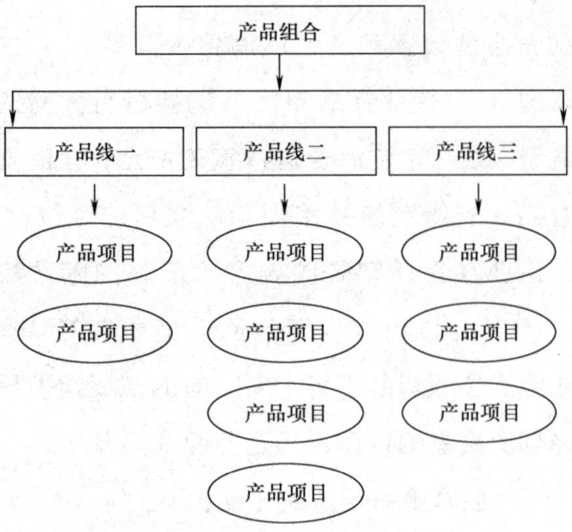

图6-4 产品组合

三、产品组合策略

产品组合策略是指服装企业根据自身面临的市场状况，结合自身资源条件和市场环境竞争态势对企业产品组合的宽度、长度、深度和关联度进行不同组合的过程。通常服装企业产品组合策略包括扩大产品组合策略、删减产品组合策略、向上延展产品组合策略和向下延展产品组合策略等。

1. 扩大产品组合策略

扩大产品组合策略是指企业根据自身情况，增加产品组合的宽度和深度，即增加产品线的个数或增加产品线上产品项目的个数。这个策略一般是在企业生产经营效益良好，需要扩大经营范围时选用，企业通常会利用现有的设备、资源、技术，发挥企业最大潜能，生产经营更多的产品来满足消费者的潜在需求。大多数情况下，企业扩大产品组合会在自己熟悉的领域内。比如，男装企业开发女装产品线，这样可以最大限度地利用企业现有资源。也有的企业在增加产品线宽度的同时，采用跨行业经营，甚至多角化经营，这样的优点是可以分散风险，在多个领域内发挥企业的作用，获得利润。另一方面，多角化经营也要求企业具有很高的实力。

2. 删减产品组合策略

删减产品组合策略是企业根据自身经营状况的战略调整，具体方法是删减产品组合的深度和宽度，即减少产品线的个数或减少产品线上产品项目的个数。服装企业在使用删减产品组合的策略时，可以使用波士顿咨询模型，删减瘦狗类和问题类产品，即删减那些滞销产品或亏损产品，以便企业可以集中物力、人力、技术、资金用到能给企业带来更多利益的产品线和产品项目上。删减产品组合策略的优势是可以调整企业的资金结构，减少资金占用，实现产品专门化生产，便于企业取得规模效应，降低生产成本，提高企业在某个领域的知名度，更好地满足该领域的消费者需求。例如，某公司最初是一个生产雨衣、尿布、游泳帽、卫生带等多种橡胶制品的小厂，由于订货不足，面临破产。总经理在一个偶然的机会，从一份人口普查表中发现，本省每年约出生 250 万个婴儿，如果每个婴儿用两条尿布，一年需要 500 万条。于是，他们决定放弃尿布以外的产品，实行尿布专业化生产。一炮打响后，又不断研制新材料、开发新品种，不仅垄断了本省尿布市场，还远销世界 70 多个国家和地区，成为闻名于世的“尿布大王”。

3. 向上延展产品组合策略

向上延展产品组合策略是指服装企业结合自身特点，增开高端系列产品线或在原来产品线内增加高档次、高性能、高价格的产品项目。服装企业实施向上延展产品组合策略通常的原因是结合市场调研，消费者对高档产品的需求增加，高档产品的利润丰厚，生产高档产品可以提升企业的品牌声望，提升企业形象，进而带动企业生产技术、设计水平、管理水平的整体提升。

同时，采取向上延展产品组合策略也要求企业本身具有较强的综合实力。第一，高档消费者群体能不能接受企业的产品；第二，企业在设计、生产技术、管理等方面能不能满足；第三，企业有没有强大的经济能力支持。

4. 向下延展产品组合策略

向下延展产品组合策略是指服装企业结合企业自身特点，增开低端系列产品线或在原来产品线内增加低档次、低价格的产品项目。服装企业采取向下延展产品线策略主要是为结合企业自身发展情况，企业有能力兼顾新的目标市场，企业在高端市场的市场增长率减低，竞争加大，可以通过向下延展产品组合寻找新的市场机会。企业实施向下延展产品策略的优点是：企业可以借助原有的品牌声誉，吸引一部分仰慕高端产品的顾客来消费产品线内的低端产品，可以节省宣传推广费用，利用现有的企业生产能力，填补产品项目空白，增加企业收入，扩大市场份额。

向下延展产品组合策略的风险是降低原来高端品牌的形象，会流失掉部分原来的高端产品的消费者，同时会有经营方面的问题需要企业去协调应对。例如，派克公司，1982 年，新总经理上任后，盲目延伸品牌，把派克品牌用于每只 3 美元的低档笔，结果形象受损，竞争对手乘机进入高档笔市场，使得派克公司差点破产。

单元三　服装产品生命周期策略

一、产品生命周期的概念

产品生命周期是指产品从被投放到市场到最终退出市场的全过程。根据产品在市场上的特征表现将产品的生命周期划分为四个阶段：引入期、成长期、成熟期、衰退期。这里强调的是产品的市场寿命，是在市场流通过程中，产品被接受的时间长短，不是指产品的使用寿命或自然寿命。同时，产品的生命周期阶段在不同国家、不同地区处于不同阶段。

生命周期的判断方法可以根据产品普及率来判断。在产品的引入期，由于产品是刚刚进入市场，由无到有的阶段，产品销量急剧增加，但产品普及率并不是很多，一般是喜欢猎奇的消费者购买，所以这个时期一般产品普及率小于5%；进入成长期，产品被多数消费者认知并接纳，产品销量增加很快，一般产品普及率结余在5%～50%；到了成熟期，产品销量不再增加或增加很少，基本维持稳定，此时，产品普及率达到90%左右，当产品普及率达到90%以上时，可以判断产品进入衰退期（图6-5）。

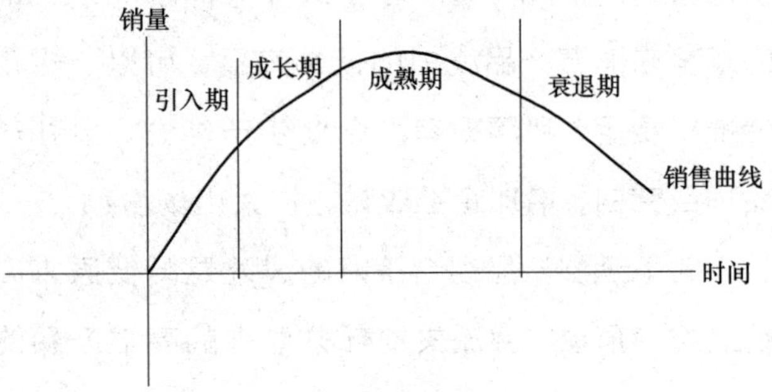

图6-5 产品生命周期曲线

并不是所有产品都会经历完整的四个生命周期。例如，在服装商品市场上，有的产品进入成熟期并不会退出市场，而会成为经典一直存在于市场上。如旗袍、和服、西服等；流行产品一般会经历完整的四个周期；也有的产品只经历了引入期就迅速进入衰退，并没有在市场上生存下来（图6-6）。

二、生命周期各阶段的特征及营销策略

在生命周期的不同阶段，企业、消费者、产

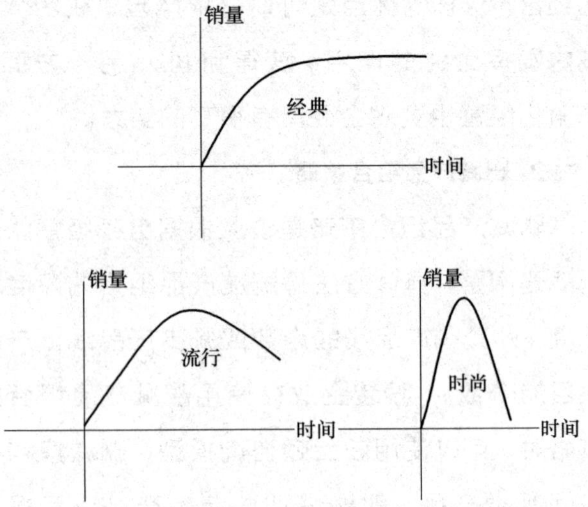

图6-6 服装产品生命周期曲线

品本身都会出现不同的特征，而对于企业而言要结合这些不同点制定适应市场变化的营销策略。

1. 引入期

从企业角度来讲，生产技术尚不成熟，生产批量小，成本高；从产品角度来说，产品知名度不高，需要大量的广告宣传，需要不断提高产品性能和质量，需要建立销售渠道，促进产品的销售；对于消费者而言，消费者对产品还不是很熟悉，少数时尚引领者或愿意尝试新鲜事物的消费者会成为产品的使用者。

引入期的营销策略总体概括为“营销十六字方针”。第一句“人无我有”。引入期是企业将新开发的产品投放到市场上，是处于市场上“人无我有”的阶段，此时，产品处于领先地位，其他企业还没有这种产品，市场竞争压力小，面对这种情况，企业可以采取的具体营销策略有以下四种（图6-7）。

（1）**快速撇脂：**采用高价格大规模促销手段推出新产品的策略。这一策略的实施是企业通过大规模的促销手段快速建立知名度，配合高价格，以期迅速占领市场并快速获得最大利润。这一策略适合市场潜力较大的市场，目标顾客有求

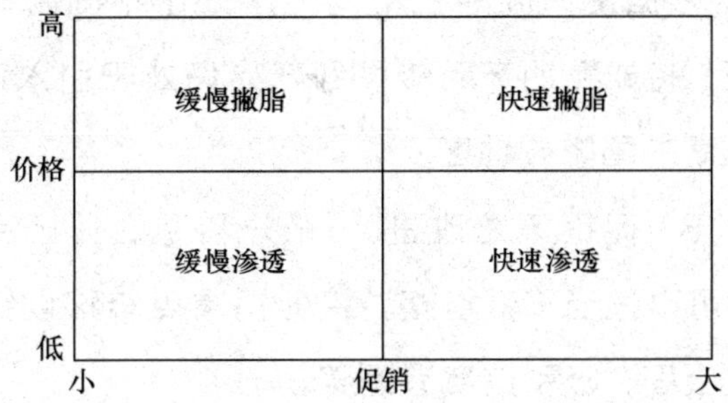

图 6-7　引入期价格—促销策略

新的消费心理，愿意高价购买新产品，企业有实力在产品上保持优势，有实力在宣传环节投入，通过高价优质，树立企业形象，取得竞争优势。

（2）**缓慢撇脂**：采用高价格小促销手段推出新产品的营销策略。这一策略的主要目的是为了回收成本，企业以较小的促销投入，赚取最大利润。企业在给产品定价时制定高价格，这就要求企业的产品能够在市场上占据领导地位，消费者愿意为产品支付高价。这种策略适合市场规模较小的情况，目标顾客更看重产品本身，对价格不是很敏感，企业也不需要进行大规模宣传。

（3）**快速渗透**：采用低价格大促销力度推出新产品的营销策略。这种策略的最大优势是，通过大规模的广告、促销手段，让更多的消费者以较低的价格购买到该产品，占领更大的市场份额。可以通过不断扩大产品销量降低成本，实现规模效益。这种策略适合市场潜量大，消费者对产品价格敏感，市场竞争激烈，可以通过价格和促销影响消费者购买的产品。

（4）**缓慢渗透**：采用低价格小促销力度推出新产品的营销策略。通过较低的价格扩大市场占有率，同时，小促销力度能够降低成本，增加利润。这种策略面对的市场容量很大，消费者对该种类产品很熟悉，产品的市场知名度很高，或者是原有产品的改进产品，不需要企业进行大量的广告宣传，消费者对价格更敏感，需求弹性较大，少量的促销活动就可以达到目的。

引入期打开销路的具体办法包括：①利用现有产品提携支持。如随同现有的已博得顾客好评的相关产品，免费赠送；将新产品与现有产品合并出售；利用现有产品标签、资料或广告附带宣传新产品，或将新老产品合并陈列等。②利用特殊手段诱使试用。如将新产品免费供给一段时间；特价优惠或到消费者处所免费示范或试用；免费传授使用、维修技术等。

2. 成长期

成长期的特征从企业角度来讲，生产技术已经逐步成熟，批量生产已经形成，经营成果令人瞩目，成本降低企业利润增加。从产品角度来讲，产品销量增加，质量日趋稳定，开始有相同的产品进入市场，竞争加剧，产品垄断性基本消除，企业需要加大产品工艺改进力度，增加品种，对抗竞争。从消费者角度来说，消费者对该产品已经熟悉，消费选择更多在产品性能、产品特点上。

成长期的营销策略总体概括为“营销十六字方针”第二句“人有我多”。成长期的产品已经被消费者熟知，企业的营销策略应重点体现在营销组合为消费者提供的多种选择上。

（1）**产品多。**成长期产品工艺已经成熟，产品已经被消费者接受，很多消费者开始购买产品，更多的企业参与竞争，使得消费者对产品的品种、质量等有了更高要求，此时，企业注重产品品类的开发，增加新功能，改善新工艺，让消费者有更多的选择，满足消费者的广泛需求，吸引更多消费者购买，争取在产品上一直保持领先地位。企业可以加深产品线，推出新系列产品，可以开发新材料、新工艺、新技术等。

（2）**渠道多。**随着产品进入成长期，销量增加，消费者数量增加，利润增加，企业有能力拓宽销售渠道。同时，随着竞争加剧，寻找新的细分市场，找到未被满足的消费人群，成为企业保持竞争优势的必要手段。增加销售机构和销售网点，拓宽渠道宽度，加强与中间商的联系。

（3）**价格调整、促销手段多。** 在适当的时机，可以通过降低价格来吸引对价格敏感的顾客，扩大成长期销售量，在促销策略上，广告策略强调产品的差异性；在多层次选择上，建立并强调产品的品牌，树立品牌形象。

3. 成熟期

成熟期的特征从企业角度讲，生产工艺稳定，需求量已趋于饱和，大部分的消费者已经拥有该产品，销售达到最高值，销售增长率下降，产量大、成本低，利润也达到最高值。从产品角度讲，产品已经被大部分消费者熟悉且拥有，新的竞争来源于产品的更新换代，消费者对产品的要求更广泛。从消费者的角度讲，产品已经被大多数人拥有，消费者的追求更多在产品的差异化上。

成熟期的营销策略总体概括为“营销十六字方针”第三句“人多我改”。成熟期的产品大部分消费者已经拥有，企业的营销策略主要在如何延长成熟期或出现再循环的周期调整，尽量避免到衰退期。企业的应对重点在营销策略的改进上。

（1）**产品改进。** 不断调整改进产品性能，延长产品线，增加产品功能，争取形成新的增长，再循环，做好品牌文化，树立品牌形象。对消费者进行调研，开发产品新功能，吸引不同需求的消费者，拓宽细分市场。

（2）**渠道改进。** 在不调整产品的基础上，对原有产品进行新的挖掘，寻找产品新用途，或潜在的消费者，开发新的细分市场，扩大销售数额。根据生命周期在不同地区处于不同阶段的特征，将成熟期产品转移到产品仍处于引入期、成长期的国家或地区。

（3）**促销策略改进。** 充分利用企业产品优势，可以适当降低价格，将促销重点转移到销售促进上面，吸引消费者购买。

4. 衰退期

衰退期的特征从企业角度讲，产品销量下降，促销成本增加，利润急剧降低，市场竞争表现为价格竞争，企业通过降价来处理库存，大量企业退出竞争。从产品角度讲，产品陈旧，日趋老化，市场上已经出现新的产品。从消费者角度讲，产品对消费者已经失去魅力，只有极少数对市场缺乏敏感，或被促销手段吸引的消费者还在购买，大部分消费者转头去寻找新的产品。

衰退期的营销策略总体概括为“营销十六字方针”第四句“人改我转”。当产品生命周期进入衰退期，企业的营销策略主要集中在如何延长生命周期，如何获取最大利润以及如何进行新产品开发，重新进入新的产品生命周期。

（1）**延长生命周期。** 企业可以通过继续寻找新的细分市场、寻找新的消费者、开发产品的新用途，来延长生命周期，还可以将产品推送到边远地区。同时，企业可以继续开发产品线深度，增加产品的花色品种，扩大产品的销售量。

（2）**收缩榨取。** 是指企业采用收缩策略，将所有的资源集中到最有利的产品和细分市场上，力争在最有竞争力的市场上获得最多的利润，同时采用榨取策略，尽可能降低销售、促销费用，降低价格，尽可能获取利润。

（3）**转移到新的市场。** 企业在进入衰退期后，要尽快进行新产品开发，进入到新一轮产品周期，研发新产品，只有这样企业才能一直在行业内处于领先地位。

单元四　服装包装策略

包装已成为企业的营销手段之一。设计精良的包装可以为企业创造价值，带动销售，成为吸引消费者购买的重要促销手段。

一、包装的含义

产品的容器或包装物都称为包装（图 6-8）。包装化是指为产品设计包装，对生产加工产品进行包装并对其进行宣传推广的一系列活动。

图 6-8　产品包装

包装包含三个层次的材料。第一层次是接近商品的容器，比如盛装液体的瓶装包装，包装服装的塑料袋子或纸质包装，也是离产品最近的一层包装。通常，产品用尽时，包装会被丢掉。第二层次的包装是指盛装第一层次包装的材料，比如，瓶装产品外层的纸盒包装，服装塑料袋子包装的纸袋包装，它给商品提供进一步的保护，方便消费者携带，同时能通过包装设计传达企业文化。第三层次是运输包装，如将装有一组瓶装产品的包装集中放到一个包装容器中，以方便产品的储存和运输。

二、包装作用

每件商品都有它的包装，一些企业为了使自己的商品包装具有品牌特色，不惜花费重金为自己的产品设计包装，可见包装对商品的重要性。精美的包装可以起到美化产品、宣传企业文化和促进销售的作用，可以提高产品的竞争力。

1. 便于使用、保护商品、方便运输

对于液态产品，包装是其应用的先决条件，包装是这一类商品的盛放容器，产品完成使用功能要依托于包装。包装的基本功能是保护商品，方便运输。有效包装可以防止挥发、防止污染、防变形等，方便产品从生产企业流通到消费者手里。

2. 识别商品、促进销售

包装都带有企业的品牌名称和品牌 LOGO，消费者能根据包装上的标识识别产品。设计精良的包装更能吸引消费者，同时能提升企业和品牌形象。

3. 增加产品附加值

视觉传达中的包装设计，不仅使得消费者熟悉产品，同时使得消费者对产品和品牌产生好感，从而对企业产生信任，增加了企业的美誉度。同时，包装设计中的艺术信息，使得产品具有了生命活力，增加产品的价值，有的包装会被消费者当成艺术品收藏。

三、包装策略

1. 类似包装策略

类似包装策略即企业对其生产的所有产品采用相似的图案、近似的色彩、相似的包装材料和形似的造型设计的包装。这种包装策略可以降低包装成本，扩大企业的影响，在推出新品时，消费者很容易从包装上辨识产品，节省宣传费用，带动产品销售。对于企业的忠实顾客，类似包装策略具有很大的促销作用，同时企业也节省了包装设计费用。这种策略的局限性，并不适合品种差异大、质量水平悬殊的产品。

2. 差异化包装策略

差异化包装策略是指企业对其生产的产品，采用不同的包装。这种不同可能来源于顾客的需求，是自用还是礼品包装；不同的包装还可能是企业对产品的不同等级划分，或是根据消费者年龄、性别、收入等，对不同消费者细分群体的划分。差异性包装一般通过设计风格、色彩、材料或包装容器的形状变化来区别。差异性包装材料的好处是充分肯定产品、消费者的差异性，满足个性化需求，也可以避免一种产品的失败影响到其他产品；缺点是需要企业增加成本。

3. 配套包装策略

配套包装策略也叫组合包装策略，根据国家和地区习惯，将几种有关联的产品配套包装在一个包装容器中。比较常见的化妆品组合包装、节日礼品包装等。这种包装便于消费者购买和携带，有利于扩大连带产品的销售。特别是在新产品销售上，可以在成熟产品组合中加上即将推出的新产品，利用老的产品带动新产品的销售有利于新产品上市。这种包装策略适合关联性较强的商品，特别是能组合应用的产品。

4. 再使用包装策略

再使用包装策略是指包装内的产品使用完成后，包装可以有别的用途。由于环保的要求，现在企业越来越重视包装材料的使用，很多企业除了使用环保材料制作包装物外，再使用包装策略也是企业采用较多的策略。这种策略可以让消费者觉得一物多用，产生购买欲望，设计精美的包装还有收藏价值。同时，精心设计的包装也对企业产品起到宣传作用，包装物在再使用过程中，起到再次宣传的作用，增加顾客的重复购买率，增加附加值。再使用包装策略需要注意的是：企业要注意成本，避免过度包装。

5. 附赠品包装策略

附赠品包装策略是指在包装物中附赠一些物品，如赠品或奖券，或包装本身可以换取礼品，从而引起消费者的购买兴趣，吸引消费者不断重复购买。

6. 改变包装策略

改变包装策略即改变和放弃原有的产品包装，改用新的包装。改变包装策略通常有两个原因：一是由于包装技术、包装材料不断更新，消费者的偏好不断变化，采用新的包装以弥补原包装的不足，企业在改变包装的同时必须配合做好宣传工作，以消除消费者以为产品质量下降或其他的误解；二是当企业的产品与竞争对手的产品质量相近，销量不好时，可以通过改进包装策略进行调整。

改进包装策略有以下三种方式：

（1）**剧变式。**即给原来的包装一个剧烈的变化，改变其原来的面貌，以一个全新的姿态展现在消费者面前。

（2）**改良式。**保持原来合理的部分，通过改变“欠缺”带来新意，让消费者仍觉得“虽生犹熟”，避免给人陌生的感觉。

（3）**渐变式。**经常对原来的设计做些小改进，在消费者不易觉察的情况下，调整结构、文字排列等，乍一看风格未变，但以更加协调、新颖的面貌出现在消费者面前。

实训

1. 选择一个目标品牌，对其产品组合进行调研。

2. 调研目标品牌目前所处的生命周期，简述生命周期策略。

3. 调研目标品牌的包装策略。

4. 调研目标品牌的品牌策略。

5. 制作 PPT，课堂分享。

PPT课件

项目七

服装价格策略

服装价格策略是市场营销组合策略的灵魂，价格的高低直接影响企业的利润。价格制定的高，消费者不接受；价格制定的低，企业利润直接受损，也会影响品牌形象。服装价格策略包含定价方法、定价策略以及价格调整策略。

引入案例：

时尚、快速、价格平民化——ZARA独特的运营模式

ZARA（飒拉）1975年设立于西班牙，隶属Inditex集团旗下的一个子公司，既是服装品牌也是专营ZARA品牌服装的连锁零售品牌。ZARA是全球排名第三、西班牙排名第一的服装商，在87个国家设立了超过2000家服装连锁店。

ZARA深受全球时尚青年的喜爱，其拥有设计师品牌的优异设计，价格却更为低廉，简单来说就是让平民拥抱High Fashion。作为平民大牌的连锁企业，时尚、快速、价格平民化是ZARA独特的运营模式。一周两次——橱窗新品的变化频率；7天——资金回流的时间；12天——收集时尚信息、整合设计到生产销售的全部时间；15天——最长的产品仓储时间；每小时8万件的配送魅力——ZARA的15天神话，确实给时尚业带来了颠覆性的冲击，它将供应链缩短到两个星期。

差异化的市场定位策略，让消费者以平民的价格享受到国际流行时尚的产品，这一直是ZARA的市场定位。ZARA是“中低价位却拥有中高级质量”的国际性流行服饰品牌，以中高消费者为主要客户群，让低价服装也可以像高价服装一样入时好看，以满足消费者追求流行不需要花大钱的心理需求。

（资料来源：赢商网 http://news.winshang.com/html/010/4475.html）

问题引出：

1. ZARA的定价策略是什么？
2. ZARA在制定价格策略时，考虑了哪些因素？

单元一　服装产品价格概述

价格策略是企业营销组合策略的非常重要的因素之一，价格体系是决定销售政策的关键，是整个营销战略的灵魂所在，它直接关系到企业的利润，关系企业的盈利和亏损。价格本身没有高低之分，关键看消费者认为值不值得。影响价格的因素包括企业内部因素和外部因素。企业在考虑价格策略时要结合产品、渠道和促销，不能单独考虑价格因素。

一、价格的含义和作用

1. 价格的含义

产品的价格是产品价值的货币表现形式，价格的高低是由产品的价值决定的。从经济学的观点看：价格是严肃的，是商品产品价值的货币表现形式，是不可随意变动的。价格总是与利润的实现紧密联系在一起的。即：价格=总成本+利润。因此，从经济学角度来说，定价是一门科学。

从市场营销学的观点看：价格是活泼的，是可以随时随地根据需要而变动的。价格是消费者为了获得想要的商品时，用来交换的价值。价格受产品供求关系的影响，通常情况下，产品供大于求的情况，价格会降低。

2. 价格在营销活动中的作用

消费者在购物的过程中，付出了货币成本、时间成本、体力成本和精神成本，这些成本对应形成消费者心目中的产品价值，最终体现为消费者愿意为此产品支付的价格；企业在生产经营产品的过程中，要进行市场调研、组织生产、设计渠道，运输产品以及广告促销，综合形成企业经营成本，加上企业要获取利润值，最终形成企业出售价格。市场交易的前提条件是：顾客愿意支付的价格必须大于或等于经营者愿意出售的价格。价格在营销活动中的作用是顾客购买行为和企业经营行为之间的桥梁和纽带（图 7-1）。

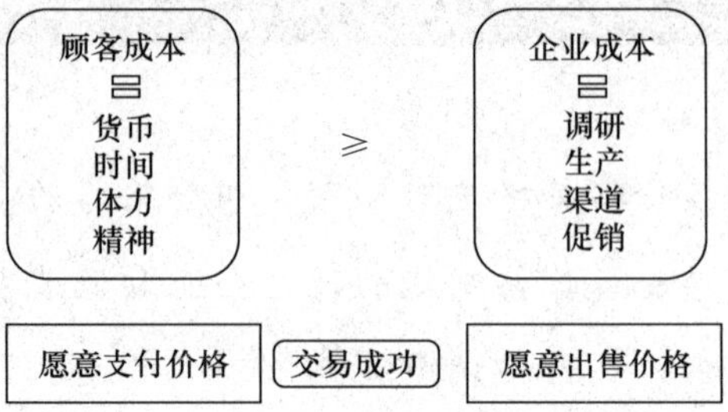

图 7-1　价格作用

二、顾客感知价值

消费者在购买产品时，不单单是购买产品本身，还有消费者的期望。例如，同一品牌的一件 T 恤，在消费者家附近的实体店里面售价 298 元，网上同品牌旗舰店里面售价 248 元，消费者去实体店购买还是网络购买，不仅仅取决于价格，还有时间、产品本身等。这取决于消费者对付出成本和获得利益之间的对比、衡量。

1. 顾客感知价值的含义

顾客感知价值是指顾客感知到的产品或服务的利益减去顾客获得产品或服务时付出的成本，从而得出对产品或服务的主观评价。是一种获得的利益和付出的成本之间的交易，是顾客的主观体验。

2. 顾客感知价值的组成

顾客价值是由顾客感知到的感知利益和感知成本两部分构成的。顾客通过对比两者之间的多少来确定感知价值。科特勒（1998）认为顾客的利益由四部分构成，包括产品价值、服务价值、人员价值和形象价值；而顾客的成本也由四部分构成，包括货币成本、时间成本、体力成本和精神成本。如果用顾客感知利益减去顾客感知成本，结果为顾客价值。如果顾客感知价值等于0，则是“物有所值”；如果顾客感知价值大于0，则是“物有超值”：如果感知价值小于0，则是“物有不值”。对于企业而言，知道顾客感知利益的内容，就可以利用营销组合策略来增加顾客的感知利益，降低顾客感知成本，从而使顾客有获得感，不断购买，成为企业的忠诚顾客。

3. 顾客感知价值的特点

（1）顾客价值是顾客的主观感知，它有别于产品或服务的客观指标。

（2）顾客价值是顾客导向的，而不是企业导向的。

（3）顾客价值是多层次的，因为不同的人会有不同的感知。

（4）顾客价值是动态的，因为人们的感知会随着时间的推移而发生变化。

三、服装的价格构成

服装价格的构成包括服装的出厂价格和服装的商业价格两部分。

服装出厂价格是指服装生产企业出售自己生产的服装产品时的价格。其构成主要包括生产服装过程中的成本、费用及企业获得的工业利润。成本及费用包括原材料、包装材料、人员费用、设备折旧、管理费用、财务费用、市场调研、产品开发、销售费用等。

服装的商业价格是指服装商业企业销售服装商品时的价格，包括批发价和零售价。服装商业价格的构成包括进价成本、经营费用、管理费用、财务费用、商业利润和税金等。

单元二　服装产品定价方法

一、定价程序

企业在制定价格时一般经过以下六个步骤（图7-2）：

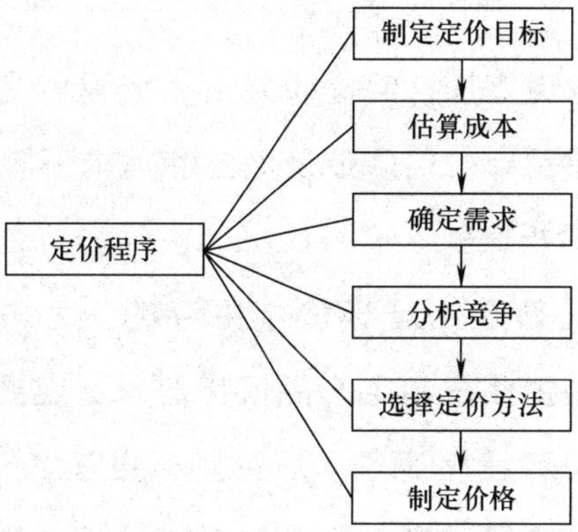

图7-2　定价程序

1. 制定定价目标

定价目标是服装企业在给自己的产品制定价格时，期望达到的目的，通常与企业的战略目标一致。服装企业在发展的不同时期，或在不同的市场条件下，可能制定不同的定价目标。不同的定价目标使企业的利润、市场占有率会有不同的结果，企业应结合自己的短期和长期规划来制定定价目标。

2. 估算成本

成本是价格的下线，低于成本的价格，企业面临亏损。企业在制定产品价格时首先要核算成本。包括生产成本、分销成本，同时要考虑利润和税金（图7-3）。

3. 确定需求

需求是价格的上线，当企业的价格高到没有需求的时候，没有消费者购买，企业同样面临破产。确定需求时，企业要考虑产品的需求弹性，对大多数服装产品来说，需求弹性大，价格降

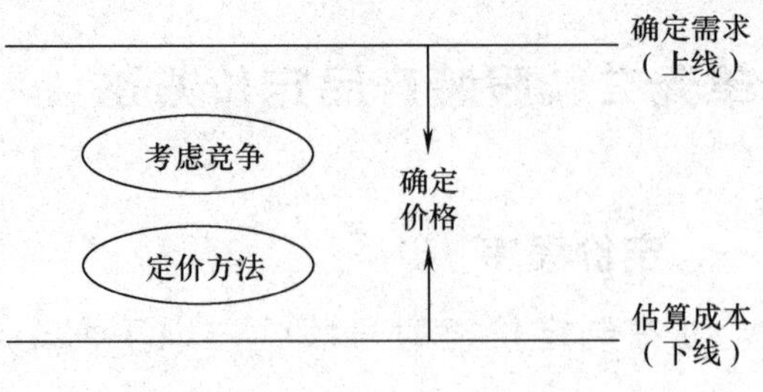

图 7-3 价格确定因素

低，需求量增加，但是如果企业经营的是高端品牌和奢侈品，价格降低反而会使需求下降。

4. 分析竞争

企业是在市场环境中生存的，竞争不可避免，服装企业在制定产品价格时，一定要考虑同行业竞争和品牌竞争，从企业自身、生产条件、知名度、产品质量以及消费者对品牌认知度等方面进行比较，帮助企业选择合适的价格。

5. 选择定价方法

企业在确定了价格的上下线，调研竞争企业之后，就要选择定价方法，定价方法包括三种：成本导向定价法、需求导向定价法和竞争导向定价法。

6. 确定价格

定价程序的最后一步是确定价格，企业结合自己的情况以及政策法规、宏观环境、微观环境，最终确定产品价格。

二、服装定价目标

服装企业的定价目标有以下几种。

1. 利润最大化目标

这一目标是服装企业在一定时间内将获取最大利润作为定价目标，企业对产品成本和需求进行测算后，将产品制定尽可能高的价格，以获得高额利润。对于生产流行服装的企业，服装本身的专利性无法得到保护，被模仿的时间极快，很多企业为了尽快收回成本，获取利润，采取利润最大化目标。当然，企业采取这种定价目标的前提是能够让目标顾客愿意为服装产品买单。

2. 追求市场占有率

追求市场占有率的定价目标的企业一定是为了追求长期的市场利益，这一定价目标的企业是为了让更多的消费者拥有自己的产品，也就意味着企业产品价格相对降低，要求企业能够很好地降低成本，增加销量，更多的靠薄利多销来增加市场占有率。

3. 保持竞争优势

将定价目标定义为保持竞争优势的企业，主要目的是为了在行业、品牌竞争过程中保持领先。在制定价格的过程中，企业将考察的重点放在竞争对手上面，价格的多少完全从竞争角度出发，对成本和需求考虑较少。

4. 维持企业生存

维持企业生存目标是企业在特定环境下采用的定价目标。当企业在竞争中处于劣势，甚至濒临破产，或者企业受外部环境影响经营不善时，会采用这种价格目标。企业一般以较低的价格，或通过大规模促销来减轻库存压力，缓解资金压力，在这个过程中，企业寻找机会，是短期价格目标行为。

三、服装定价方法

服装产品定价的高低直接影响企业的盈利能力，服装价格的高低要受到成本的影响、消费者需求影响、竞争企业产品的影响，同时还要考虑宏观不可控和微观不可控因素。企业制定价格是一个多因素综合考量的结果。服装企业的定价方法有以下三种。

1. 成本导向定价法

成本导向定价是以产品成本为基本依据，再加上预期利润来确定价格的定价方法。最常用的是成本加成定价法。

服装成本加成定价法是按照单位产品成本加上一定百分比的加成来制定产品的销售价格的。其计算公式为：

单位产品价格= 单位产品总成本 ×（1+ 目标利润率）

利润率=（计划售价- 成本）÷ 成本

以一件衬衫的生产商出厂价、批发商批发价和零售商零售价为例，如图 7-4 所示：

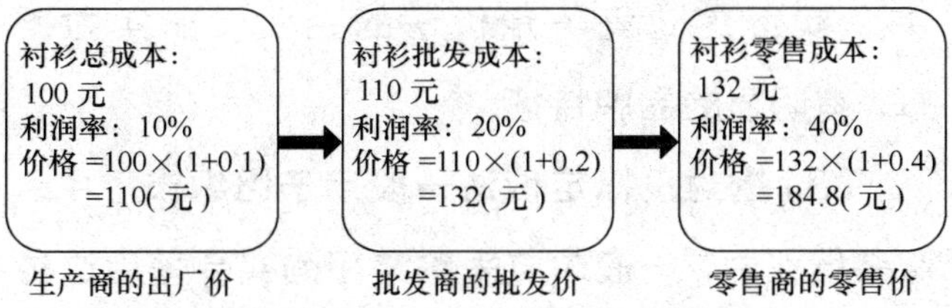

图 7-4　衬衫价格计算

成本导向定价法是一种简单、实用的定价方法，大部分服装批发零售企业采用这种方法，它的缺点是以企业需求为导向，是从企业出发，并没有考虑市场需求，这样做可能有两个结果：价格过高，导致销售不好；价格过低，则利润降低。

2. 需求导向定价法

需求导向定价法又称感知价值定价法，也称觉察价值定价法，是指企业在制定产品价格时，以消费者需求和感受作为主要依据，根据消费者的需求和理解来制定价格。与成本导向定价法不同，这种方法较多地考察了需求情况，根据顾客所感知的产品价值来定价。应该说，这是一种符合市场营销观念的定价方法，它的起点是消费者。

需求导向定价法，主要有两种：理解价值定价法和需求差异定价法。

（1）理解价值定价法是需求导向定价法中比较常见的一种方法。它是根据消费者对商品价值的判断以及对商品的理解程度作为制定价格的基本依据的。消费者在购买服装产品时，对服装产品的价格是有一个基本判断的，比如普通品牌的风衣价格大概在多少钱，如果价格超过太多，他会自动设限，觉得超过预期，得出物有不值的结论，放弃购买；反之，消费者也会对风衣价格设一个下线，如果价格低于下限，也会怀疑产品有问题而不敢购买，只有价格在消费者理解的合理区间才能促成交易（图 7-5）。

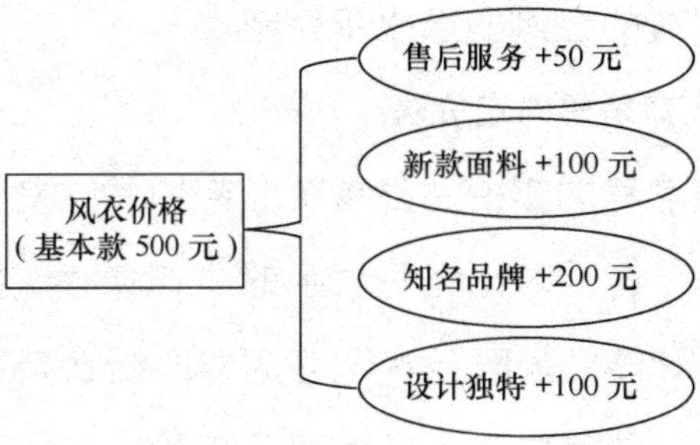

图 7-5　需求导向定价法

理解定价法需要企业充分进行市场调研，了解消费者在选购商品时的影响因素，要充分考虑消费者的感知价值，想办法降低消费者的时间成本、精神成本以及体力成本，增加产品价值、服务价值、人员价值和形象价值，让顾客产生购买产品物超所值的感受，从而忽略价格的影响，愿意为超值部分多付出货币。

（2）需求差异定价法是指同一种产品的价格差异并不是由产品的成本不同引起的，而是基于对同一个商品，顾客的需求和感受是不同的，企业充分考虑到这种差异性，应对同一商品在同一市场上制定两个或两个以上的价格。

这种产品的价格差异并不是由产品成本的不同而引起的，主要是由于对同一商品，不同顾客愿意支付的价格是不同的。制定价格差异的基础包括顾客差异，时间、空间差异等。

顾客差异是根据消费者的消费习惯、产品用

途、收入水平等制定不同价格。例如，专卖店实行的会员制，可以根据会员的等级实行不同的折扣，有些店铺会根据不同的节假日对特殊人群，例如教师、军人、医生等进行优惠，或实行新老顾客的价格差异等。

时间、空间差异：服装产品的时间差异更加明显，通常产品引入期是没有优惠的，到了产品成熟、衰退期就会有很大优惠，很多服装品牌的同款服装在不同地区是有地区差价的，这要结合不同区域的经济发展水平而定。

3. 竞争导向定价法

竞争导向定价法是指企业密切关注竞争对手的价格，通过对比竞争对手的生产条件、技术水平、设计能力、服务状况等因素，结合自身的综合实力，参考成本和供求状况来确定自己的产品价格的方法。

竞争导向定价法的特点是企业制定的产品价格与成品和需求不发生直接联系，二者仅为参考。通常情况下，企业的价格变动只与竞争对手的价格有关，如果竞争对手价格调整，即使成本和需求没有变化，企业也会相应调整价格。竞争导向定价法包含随行就市定价法、主动竞争定价法和密封投标定价法。

（1）随行就市定价法也叫通行价格定价法，是指企业为了避免价格竞争带来的损失，将本企业的产品价格保持在人们观念里的市场平均价格水平上。产品特色不是很明显，与竞争者的品种相同和相近的企业，大多会采用随行就市定价法，如此，企业就不必去全面了解消费者对不同价差的反应，也不会引起价格波动，利用这种方法，可以获得平均报酬，能和同行和平相处，避免激烈竞争产生的风险，平均价格在人们观念里被认为是合理价格，易被消费者接受。

（2）主动竞争定价法与随行就市定价法不同，企业不是被动追随，而是主动对市场上竞争对手的产品价格进行调研，将价格分成高、合理、低三个档次，然后将本企业产品与竞争对手产品进行比对（产品性能、质量、成本、设计、服务等），分析价格差异原因，确定本企业价格，价格实施后，根据市场实际反映，相应进行价格微调。主动竞争定价法不是追随竞争者价格，是将竞争对手的价格作为参照，以市场为主体。实行主动竞争定价法的企业一般实力雄厚，有明显的品牌特征。

（3）密封投标定价法一般用于组织市场中，服装行业中，一般政府采购集团购买会采用这种定价方法。通常是采购方发出招标通知，说明采购商品的相关信息，邀请投标方在规定期限内投标。一般招标方只有一个，而投标方有多个，处于互相竞争地位，标的物的价格是由竞争企业在各自独立、互不知情的情况下确定的。采购方通常会选择报价最低的投标方最终获得供货权，中标价格即为最终产品价格。这种定价方法包含三个步骤（图 7-6）：

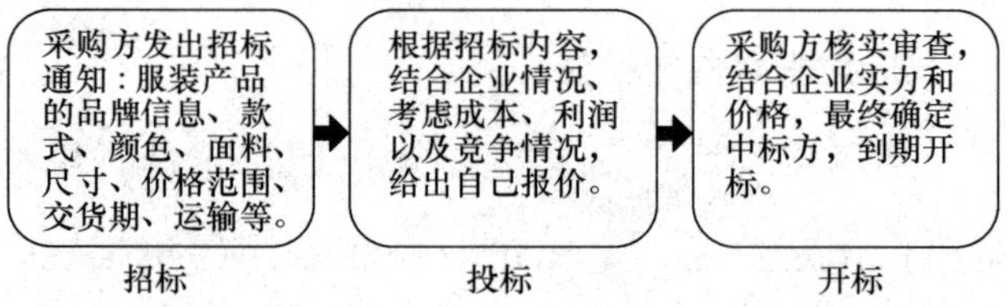

图 7-6 密封投标程序

单元三 服装产品定价策略

价格的高低决定企业利润的多少，除了成本导向定价法、需求导向定价法和竞争导向定价法三种定价方法的选择和考量外，企业还可以根据宏观环境、微观环境情况、行业特点、产品因素、消费者购买心理等因素采取适当的定价策略，使企业的价格更容易被消费者接受，从而获得更高的利润。

一、新产品定价策略

新产品的开发关系企业的未来，每一次新产品的定价都是一次挑战，价格的高低，直接影响企业产品的销量和利润。企业在为新产品制定价格时要全面考察，掌握目标消费群的购物行为，兼顾竞争，同时顾及企业和产品的市场形象，综合考量，制定出适合市场的价格。一般新产品定价方法有以下三种定价策略：

1. 撇脂定价策略

撇脂定价策略也称高价策略，撇脂的意思是在牛奶中撇取奶酪，取其精华部分。撇脂定价策略指企业以大大高于成本的价格将新产品投入市场，在竞争者还没有进入市场之前，在短期内获取高额利润，尽快收回投资，再逐渐降低价格的策略。

企业采用撇脂定价策略能够在新产品上市之初快速回收资本，减少投资风险，且能获得高额利润。在没有竞争对手的初期，高的价格可以形成高质量、名牌产品的效应，同时，初期的高价格为后来竞争者加入留下很大的价格空间，产品进入成熟期后拥有较大的调价空间。

采用撇脂定价的条件：

（1）撇脂定价策略适合市场需求量大且需求价格弹性小，顾客愿意为获得产品价值而支付高价的细分市场，顾客购买能力强，对价格不敏感。

（2）企业是某一新产品的唯一供应者时，采用撇脂定价策略可使企业利润最大化。

（3）短期内没有替代品或替代品少，产品差异化明显。

（4）企业有价格或产品能力应对竞争者。

2. 渗透定价策略

渗透定价策略也称低价策略，渗透犹如海绵吸水，薄利多销。渗透定价与撇脂定价恰好相反，是在新产品投放市场初期，将价格定得相对较低，以吸引大量消费者，增加销量，提高市场占有率。

采取渗透定价策略不仅有利于迅速打开产品销路，抢先占领市场，提高企业和品牌的声誉；而且由于价低利薄，有利于阻止竞争对手的加入，保持企业一定的市场优势。

采用渗透定价策略的条件：

（1）渗透定价策略通常适合产品需求价格弹性较大的市场，顾客对价格敏感，低价可以使销售量迅速增加。

（2）要求企业生产经营的规模经济效益明显，成本能随着产量和销量的扩大而明显降低，从而通过薄利多销获取利润。

（3）产品差异小。

（4）产品市场已经被占领，为了进入市场。

（5）潜在市场大，有吸引力。

3. 满意定价策略

满意定价策略是介于撇脂和渗透之间的定价，企业在新产品刚刚进入市场的时候，把价格定在一个相对合理的价格水平，是一种比较温和的定价策略。

满意定价策略兼顾考虑消费者的利益和企业利润，避免了撇脂高价的竞争和消费者拒绝的情况，也避免了渗透低价带来的利润低和风险大的困难，将价格定在中间水平，基本能做到让供求双方都满意。

满意定价策略适用于需求弹性适中、销售增长稳定的产品。

二、折扣定价策略

服装企业折扣定价策略是指企业根据产品的

销售对象、购买数量、交货时间、付款条件等因素的不同，给予购买者不同优惠折扣的定价策略。这种策略的对象通常包括中间商和消费者。服装企业利用各种折扣和让价吸引经销商和消费者，促使批量购买、及早付款、换季购买等，从而达到扩大销售、提高市场占有率的目的。

1. 现金折扣

现金折扣是指企业给在规定时间内提前付款或用现金支付的购买者在原价基础上给一定价格折扣的方法。采用现金折扣的价格策略的企业，其主要目的是鼓励消费者尽快付款，加速企业资金周转，及时收回应收账款，保持充足的现金流，减少收账费用和坏账。现金折扣通常要考虑折扣力度、时间期限。

2. 数量折扣

数量折扣是指服装企业为刺激客户大量购买而给其一定的折扣，购买量越大，折扣就越大。企业这样做的目的是鼓励大量购买，同时吸引大量购买顾客成为企业长期顾客，建立长期商业关系。数量折扣包含累计数量折扣和非累计数量折扣。

3. 功能折扣

功能折扣又称交易折扣，是服装企业根据中间商在市场中的地位和对企业承担的功能大小所给的折扣。中间商的功能包括品牌推广能力、货品存储能力、销售能力，以及服务功能等，一般给批发商的折扣大于零售商。

4. 季节折扣

季节折扣是指服装生产企业为了回收成本，减少库存压力，对过季产品进行折扣销售，也叫反季节销售。通过季节折扣，可以减少资金和仓储费用，为新产品开发提供资金。例如，皮草、羽绒服等会在夏天采取折扣销售，以吸引对价格敏感的顾客。

三、服装产品组合定价策略

服装产品组合定价策略主要是服装企业针对本企业各种产品之间的价格策略，是对不同组合搭配产品之间、市场表现不同的产品组合之间的价格策略。这些组合产品之中，可以有招徕价格，用以吸引消费者，也可以有高价格用来获取利润。服装产品组合策略包括产品线定价策略、附带产品定价策略和搭配产品定价策略。

1. 产品线定价策略

产品线定价是指服装企业为了满足消费者对同一种产品的不同档次需求，对同一产品线上不同规格、品种、质量、档次、花色、面料等产品项目制定不同价格的策略。在产品线中，有的产品价格很低，起到招徕作用，有的价格很高，是服装企业的品牌象征，同时担当着回收利润的角色。

例如，某品牌女装秋冬款服装定价：

打底衫：79 元

打底裤：49 元

毛衫：199 元、299 元、599 元

风衣：499 元、599 元、799 元

羊绒大衣：799 元、899 元、1099 元

2. 附带产品定价

附带产品定价就是在主产品使用的时候，通常会有配套使用的产品，在价格制定时，可以采用主产品价格低，附带产品价格高，通过主产品的低价格吸引消费者，附带产品使用频率高、价格高，获得更多利润。例如，某个男装品牌，为了有面试需求的大学生开发面试装西服，价格相对较低，吸引即将毕业的大学生，同时开发系列衬衫，制定中等价格搭配西服。

3. 搭配定价策略

搭配定价策略是指服装企业为了促进销售和顾客连单购买，企业将可以互相搭配的产品组合在一起销售，搭配销售的产品价格低于单独各个产品价格的总和。企业通过搭配组合销售产品，让消费者觉得搭配好成套购买方便实惠，促进销售。

四、心理定价策略

心理定价策略是基于对消费者购物行为的研究，运用心理学的原理，根据消费者在购买产品时不同的心理诉求来制定价格的策略。通过心理定价策略可以刺激消费者购买满足消费者心理的、生理的、物质的和精神层面的需求，从而达到增加销售量，扩大市场份额。心理定价策略包括尾数定价法、整数定价法、招徕定价法、声望定价法以及习惯定价法。

1. 尾数定价法

尾数定价法是指企业在制定价格时，尽可能保留零头，不进位，让消费者产生产品价格是经过精确计算得来的信任感。尾数定价法适合价格低廉的商品，在服装上多体现在袜子、内衣等低价高消耗的产品。近年来，很多服装企业利用消费者喜欢 8、9 这些数字的特点，将服装产品定价尾数带数字，满足了消费者对数字的谐音认知心理。例如，价格为 168 元、699 元等，同时，非整数也会有价格优惠的感觉。

2. 整数定价法

整数定价法刚好和尾数定价法相反，定价策略更适合高品质商品，企业有意将产品的价格定为整数，这更符合消费者“一分价格一分货”的购物心理，这种定价方法的目标顾客群更注重产品的品质，他们通常认为价格越高，产品质量越好，越能代表自己的身份地位。采用这种定价方法，一般产品的价格在整数以下，制定价格时可提高到整数以上。例如，商品核算价格在 9000 多元，利用整数定价法时，将价格定在 10000 元，从四位数跃到五位数，增加产品的附加值，提升产品身价，刺激消费者的购买欲。

3. 招徕定价法

招徕定价法是指企业为了满足消费者求廉的购物心理，特别选择几款商品将价格定得很低，低于一般市场价格，以此作为吸引消费者的手段，扩大销售。服装企业一般会在自己的专卖店设置特价商品区，并做宣传推广，招徕消费者。

4. 声望定价法

声望定价法也叫名牌定价，是很多奢侈品牌和知名服装设计师品牌经常采用的定价策略，是指利用消费者对知名品牌的仰慕和对知名设计师的认可，利用消费者价高质必优的消费心理，将产品的价格定得很高。这些产品有很知名的品牌、一流的设计、面料考究、精良的做工且包装精美。声望定价法的消费者往往不在意产品的价格，更注重产品带给自己的附加值，是否能显示身份、地位，通常，价格越高，心理满足感越强。

五、差别定价策略

差别定价策略是企业对同一种商品的不同顾客、不同产品形式、不同销售地点及不同销售时间制定不同价格的策略。

1. 顾客差别定价

顾客差别定价是指企业在销售产品时，按照不同的价格将同一产品卖给不同的顾客。例如，服装企业将产品卖给批发商的价格要低于零售终端的价格，专卖店里面卖给 VIP 会员的价格要低于初次购买者。

2. 产品形式差别定价

产品形式差别定价是指企业对于同一品质的产品，根据其设计款式、结果、颜色、型号等方面的不同，制定不同的价格。例如，不同颜色的同款服装制定不同的价格。

3. 地点差别定价

地点差别定价是指企业对处于不同地点的同一商品制定不同的价格。例如，有些品牌的服装实行不同城市价格不同，在一线城市和二线城市有价格差异，根据当地的经济收入调整价格，有地区差价，服装产品实体店和网络店铺也有价格差异。

4. 时间差别定价

时间差别定价是指企业对同一商品在不同季节、时期采用不同的价格的定价策略。例如，服装产品的节假日折扣，反季节销售等。

单元四　服装价格调整策略

企业价格制定后在一定时间内是相对稳定的，目的是为了维持企业的市场占有率，获得市场份额，为企业争取利润，但是当环境发生变化，或者市场竞争格局发生变化时，企业为了维持合理的利润，会进行价格策略调整以适应环境和竞争变化。

一、主动调整价格

企业利用自身的产品或成本优势，根据宏观环境和微观环境的变化，主动对价格予以调整，将价格作为竞争的利器，这称为主动调整价格。

1. 调低价格

（1）调低价格的原因：

① 企业在生产经营过程中缺少现金流，急需回笼大量现金。

② 企业通过降低价格来开拓新市场。

③ 企业决策者为了竞争需求，降低价格排斥边际生产者。

④ 产品供过于求。

⑤ 通过降低价格吸引潜在消费者，扩大市场占有率。

⑥ 由于成本降低，费用减少，使企业削价成为可能。

（2）降低价格的方法：

① 数量折扣、现金折扣、回扣和津贴等形式。

② 赠送样品和优惠券，实行有奖销售。

③ 给中间商提取推销奖金。

④ 允许顾客分期付款、赊销。

⑤ 免费或优惠送货上门、技术培训、维修咨询。

⑥ 提高产品质量，改进产品性能，增加产品用途等。

⑦ 增加产品的含量。

2. 调高价格

（1）调高价格的原因：

① 由于产品成本增加，通过提高价格减少成本压力。

② 为了适应通货膨胀，通过提高价格减少企业损失。

③ 产品供不应求，提高价格可以遏制过度消费。

④ 利用顾客心理，创造优质效应。作为一种策略，企业可以利用涨价营造名牌形象，使消费者产生价高质优的心理定式，以提高企业知名度和产品声望。

（2）调高价格的时机：

① 产品在市场上处于优势地位。

② 产品进入成长期。

③ 季节性商品达到销售旺季。

④ 竞争对手产品提价。

二、被动调整价格

价格的调整出于应付竞争的需要，即竞争对手主动调整价格，而企业也相应地被动调整价格。

被动调整价格首先要做的就是进行调查研究，企业要调研竞争者调价的目的是什么？竞争者价格的调整是长期的还是短期的？竞争者价格的调整将对本企业的市场占有率、销售量、利润、声誉等方面有何影响？同行业的其他企业对竞争者调价行动有何反应？企业有几种应对方案等。根据调研结果进行分析，结合企业实际情况做出反应，企业的应对策略通常有三种：

（1）以不变应万变，维持原有的营销组合。

（2）维持价格不变，改变产品、渠道和促销方式。

（3）价格变动跟进，幅度大小结合企业情况。

三、消费者对价格变动反应

1. 价格意识

价格意识是指消费者对商品价格高低强弱的感觉程度，直接表现为顾客对价格敏感性的强弱，包括知觉速度、清晰度、准确度和知觉内容的充实程度。

消费者可接受的产品价格界限是由价格意识决定的。这一界限也规定了企业可以调价的上下限度。

价格界限是指消费者对价格调高或调低是有感受的绝对阈限值的，也就是说，在一定范围内的价格变动是可以被消费者接受的；当价格提高幅度超过可接受价格阈限值的上限，则会引起消费者不满，产生抵触情绪，而不愿购买企业产品；而当价格降低幅度低于阈限值下限，会导致消费者的种种疑虑，认为商品存在问题，从而拒绝购买商品。

2. 影响消费者价格意识的因素

首先，价格意识通常和收入呈负相关，即收入越低，价格意识越强，低收入人群对价格变动更敏感；其次，产品广告对消费者的价格意识也起着促进作用，使他们对价格高低更为敏感；再次，认知替代品效应，消费者了解认知其他替代品的价格越高，消费者对价格越不敏感；最后，产品的独特价值效应，产品区别竞争者的特色越高，转换成本高，消费者对价格越不敏感。

实 训

1. 调研目标品牌的实际价格，判断其定价方法。

2. 调研目标品牌的定价策略。

PPT课件

项目八

服装渠道策略

服装营销渠道策略是服装企业将自己的产品转移到消费者手中的流通渠道，是整个营销系统的主要组成部分。服装营销渠道的构建和运行受到企业、环境、消费者等多方面的影响和制约。销售渠道的构建直接影响企业的成本和市场竞争力，企业要根据自身实力分析环境因素，结合市场情况分析目标消费者、设计渠道体系，以保证企业最终销售目标的实现。

引入案例：

2020年服装行业怎么实现新零售模式

服装行业无论在哪个年代都是比较热门的行业，衣食住行，这是必不可少的，在疫情的影响下，2020年服装行业怎么度过？

为了尽快摆脱服装业的疲软，实现盈利，很多上市服装企业必须向多元化发展。从一开始的实体为王，到现在的线上线下一条龙服务。从单一的服装品牌，延伸到其他产业链。

服装电商平台消费升级势在必行，场景化是服装行业迎合消费的必然：服装离不开体验，实体品牌需要传播，淘品牌需要落地，线上线下一体化的场景消费，让消费者在享受互联网的“物美价廉”的同时，也能看得见、摸得着自己想要的产品。

服装新零售模式：

1. 线上线下相结合

数据显示，96%的“90后”在实体店购物时多使用手机支付，手机等移动设备已成为“90后”的购物伴侣。互联网带来的新一轮变革，使社会发生了天翻地覆的变化，也改变了人们原有的单一的消费模式。

2018秋冬纽约时装周的舞台，李宁品牌以“悟道”为主题，印有“中国李宁”字样的帽衫、T恤产品瞬间引爆社交媒体。据公司相关负责人透露，刚秀完1分钟，很多李宁牌产品就在天猫宣告售罄。在时装周后，一件李宁走秀卫衣已被炒至高价。线上线下高度融合已成为一种趋势。

2. 服装行业粉丝经济、网红经济崛起

在“90后”消费者和线上消费的强力推动下，服装行业的转型仍在继续，粉丝经济和网红经济成为不可忽视的力量。同样，网红的超高人气，可以助力服装品牌的营销推广，推动个性化设计、品牌价值、营销策略等方面的内在变革。

在供应链端，网红可以发挥“意见领袖”的作用，通过自身对时尚潮流的高度关注对接供应链厂商，向众多粉丝推荐自己过目后的服装款式，便于购买者挑选服装，可以在一定程度上缓解服装企业资金周转期限长、库存较高等问题。

3. 服装行业人工智能全面升级

2016 年 3 月 17 日，阿里巴巴宣布成立 VR（虚拟现实）实验室，并首次对外透露集团 VR 战略。据介绍，阿里巴巴将发挥平台优势，同步推动 VR 内容培育和硬件孵化。此后，高达 75%的时尚零售商准备在 2018 年投资人工智能。领先的时尚公司可以使用人工智能来辅助创意、设计和产品开发。例如，用算法筛选大量数据，以预测消费者最喜欢哪种产品。

4. 渠道下沉至“三四线城市”

随着经济快速发展，国内一二线城市开店密度已经饱和，人力、地租成本不断上涨，加上竞争者间的经营模式同质化严重，业绩下滑成为常态。而三四线城市的服装市场过去以无品牌的散货为主，随着三四线居民人均可支配收入的持续提升，消费者越来越青睐有品牌的产品，逐渐从满足数量转向追求品质，从满足基本功能转向追求时尚和品牌。

5. “看脸时代” 趋势更加明显

在产品类别和质量越来越“同质化”的今天，企业要想在产品形象上和别家有区别，让消费者能更快、更好、更准确地认识自己，一定要有独特的个性。这种个性可以通过 VDM 来实现，在终端卖场的舞台上，服装产品已经不能仅凭物美价廉与广告宣传来获得商业上的胜利。优秀的视觉创意能提升消费者对品牌的认知和兴趣，提升品牌影响力和客户对品牌的忠诚度。

服装行业的领先者们，都纷纷开始探索以智慧门店的模式来拥抱新零售。智慧门店，顾名思义是将实体店面智慧化升级，一方面，提升消费者的体验，从而促进销售；另一方面，则是要以技术手段来降低运营成本。

（资料来源：微创共赢 http://www.51wygc.com/newspage1214.html）

问题引出：

1. 什么是新零售模式？

2. 传统销售渠道和创新营销渠道如何共存？

单元一　服装营销渠道概述

一、服装营销渠道的概念

服装营销渠道是指产品从服装制造商（生产者）向消费者或用户转移过程中取得产品所有权或帮助所有权转移的所有组织和个人。服装营销渠道是一个网络，由一系列成员构成，成员包括生产商、中间商、其他辅助商，并最终到达消费者手中。

借助以下四点，可以更好地理解营销渠道的概念：

（1）服装营销渠道的起点是服装生产商，终点是消费者。

（2）服装营销渠道参与者包括商品流通过程中各种类型的中间商、物流运输、银行、广告代理等。

（3）服装营销渠道中产品或劳务的转移是以所有权的转移为前提的。

（4）服装营销渠道是指某一特定的产品从生产者到消费者或用户所经过的流通途径。

二、服装营销渠道的结构

按照营销渠道之间是否有中间环节可以分为直接渠道和间接渠道。营销渠道结构包括长度结构和宽度结构。按照营销渠道中中间商参与的多少可以分为长渠道和短渠道，即为渠道的长度结构；按照营销渠道同一层次中间商的多少可以分为宽渠道和窄渠道，即为渠道的宽度结构。

1. 直接渠道和间接渠道的概念

直接渠道是指生产商直接把商品销售给消费者，而不通过任何中间环节的分销渠道。比如，产品定制、销售人员直接上门推销等。

间接渠道是指生产商通过中间商来销售商品的营销渠道（图 8-1）。

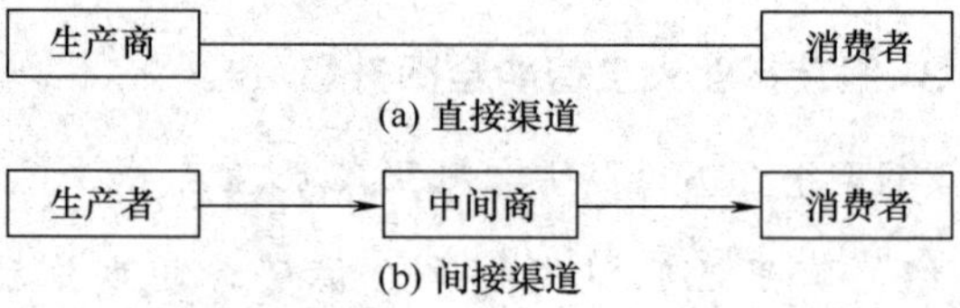

图 8-1　渠道分类

2. 长度结构

长度结构又叫层级结构，是指营销渠道中层级数量的多少，根据层级数量多少划分为长渠道和短渠道。

（1）短渠道是指生产商自己销售或者仅利用一个中间商销售自己的产品（图 8-2）。

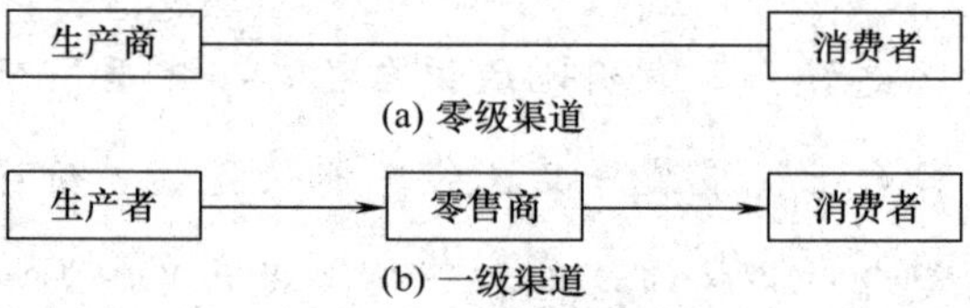

图 8-2　短渠道结构

（2）长渠道是指生产商利用两个或两个以上的中间商销售自己的产品（图 8-3）。

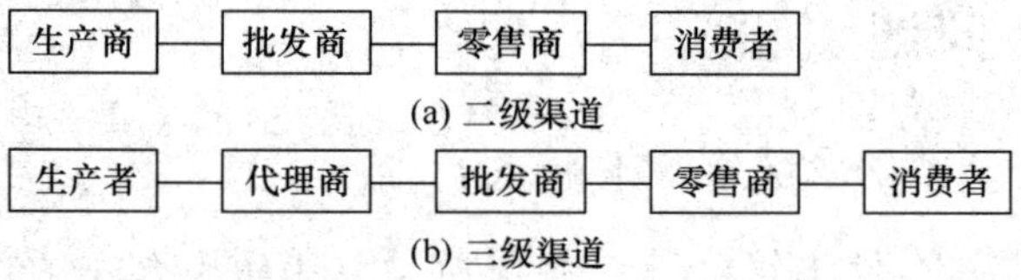

图 8-3　长渠道结构

3. 宽度结构

营销渠道的宽度是指营销渠道的每个环节或层次中，使用相对类型的中间商的数量，同一层次或环节使用的中间商越多，渠道就越宽；反之，渠道就越窄。渠道的宽度与企业产品的类型、市场特点、消费者特征、企业渠道战略等因素有关。营销渠道的宽度结构包含以下三种类型：

（1）**密集性分销策略。** 也叫广泛性分销，是指生产商在同一渠道层级上尽可能多的选用中间商来经营自己的产品。一般在服装中，品牌特征不明显的袜子、内衣等采用这种分销策略。

采用密集性分销应具备的条件：

从渠道经销的产品因素来看，产品属于消费者希望方便购买且使用频率较高的商品；从产品市场因素来看，希望与企业建立业务关系的中间商较多，且产品不受销售区域限制；从生产商角度来看，企业能够允许中间商自由定价，企业对中间商没有销售标准的要求，允许中间商不承担销售促进和广告义务，允许中间商经营竞争品牌，希望获得较高的销售额。

（2）**选择性分销策略。** 是指生产商在同一渠道层级上根据某些条件进行评估，有选择的挑选少量中间商来经营自己产品的一种分销策略。大部分的服装品牌采用这种分销策略。

采用选择性分销应具备的条件：

从产品特性来看，企业经营产品性能可以使消费者不在意商店的远近，出售这类商品的零售店在地理分布上并不要求太密。从生产商因素来看，企业希望控制商品的零售价、控制商品的流通量、管理产品的销售促进活动。从渠道管理来看，企业和零售商之间需要建立协调一致的关系：首先，必须对经销商进行严格选择。企业与中间商目标顾客的一致性；中间商的销售能力；中间商的数量要以提高效率为前提。其次，为了尽可能避免中间商之间的竞争，最好在一个区域只选择一家经销商。再次，在采用选择性分销策略时，将零售商专卖店化也是一种可供选择的方法。最后，需要在商品陈列、销售方法和销售价格方面有效控制。

（3）**独家分销渠道策略。** 是指生产商在同一渠道层级上只选用唯一一家中间商来经营自己产品的一种分销策略。服装行业知名品牌或奢侈品牌一般采用这种策略，以吸引特定目标顾客，营造稀缺氛围。

独家分销渠道的优势：可确保企业的销路，易于收集市场信息，便于产品以适当的数量、时间和地点，以适当的价格提供，易于建立企业与销售商的协调关系，企业的政策易于向销售商推行。

独家分销渠道的劣势：从企业的角度看，必须给独家分销的商店以较大的援助，同时独家分销的零售商缺乏销售欲望和竞争意识，效率低下。从消费者角度看，商品的品种选择受到限制，且价格变动困难，抑制了价格方面的竞争。

三、服装营销渠道的选择

1. 选择考虑的因素

（1）**企业产品本身特性。** 企业在设计自己的营销渠道时要考虑企业生产经营的产品性能特点、产品价格区间，服装产品的流行趋势、生命周期等因素，在选择渠道长短、宽窄上一定要考虑企业的产品特征。

（2）**目标消费人群特征。** 企业产品定位的目标人群也是设计企业营销渠道要考虑的重要因素。要考虑目标消费者的地理分布、城市级别、购买频率、购买习惯，目标人群的人口因素也是需要重点分析的，还有人群消费习惯、消费心理及购买时间等。

（3）**分析竞争对手渠道策略。** 企业和竞争对手的目标顾客群相同，目标顾客购物习惯和购物场所相似，消费者也喜欢在购物时能及时对比同类产品，一般企业在设计渠道时会参照竞争者渠道。

2. 渠道设计流程（图 8-4）

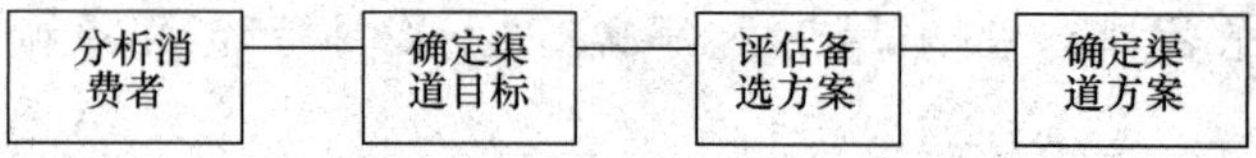

图 8-4 渠道设计流程

（1）**分析消费者。** 企业在进行渠道设计时首先要对消费者进行分析，确定消费者的购买频率和在一次购买行为中购买产品的数量。了解顾客收到货物的平均时间，实地考察分销渠道对顾客购买商品的方便程度以及分销渠道提供的附加服务，包括信贷、送货、安装、维修等。

（2）**确定渠道目标。** 渠道设计最终要解决的问题是找到让企业产品最终达到目标消费者的最佳途径。渠道目标设计要符合企业实际，企业必须在宏观环境和微观环境下设计其渠道，企业要协调好各方面的利益关系。

（3）**评估备选方案。** 渠道目标确定以后，要考虑确定渠道的长度和宽度。渠道层次的多少以及中间商的数目、种类，选择要考虑消费者情况、产品情况等。

（4）**确定渠道方案。** 经过对所选渠道备选方案的经济性、控制性和适应性进行科学评估，企业通常能够筛选并确定符合自身需要的最佳分销渠道模式。

单元二　服装营销渠道管理

服装营销渠道管理是指服装企业为实现公司经营目标而对渠道成员进行管理，确保产品能够顺利传达到消费者手中，确保公司和渠道成员之间沟通顺畅，彼此共赢。营销渠道管理包括：中间商选取、渠道冲突解决、激励渠道成员等。

一、中间商

1. 中间商的作用

中间商的存在可化解或减弱供给与需求的平衡过程中存在的空间、时间、信息、价格以及供求数量和花色品种等方面的矛盾，中间商具有订货功能。利用中间商可以减少交易次数，达到经济节约的目的。利用中间商可以扩大营销范围，克服资金不足，信息不灵等困难（图 8-5）。

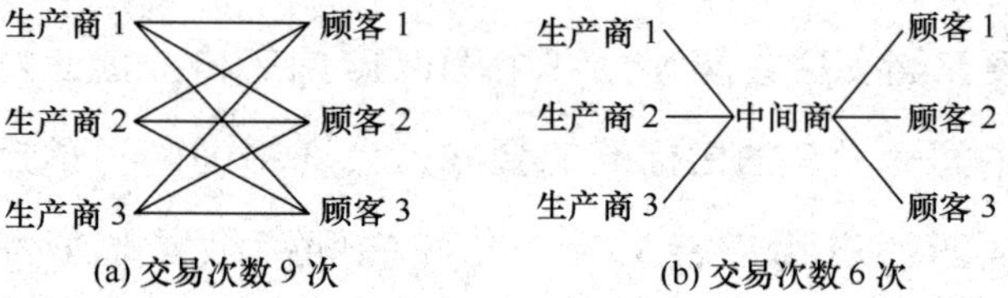

图 8-5 中间商的作用

2. 中间商选取条件

（1）**中间商的市场覆盖能力。** 中间商是连接生产者和消费者之间的桥梁，中间商的市场覆盖能力直接关系到企业的产品能不能直接送到消费者手中，中间商的经营范围要覆盖企业的目标顾客，这是选取中间商首要考虑的条件。

（2）**中间商的产品销售能力。** 首先，要看中间商经营产品的品类和自己的产品是竞争品还是互补品，后者可以增加产品销量；如果品牌产品有明显优势，可以选择前者，企业的产品有竞争力，可以让消费者在对比中选择企业产品，从而产品销量增加。其次，要看中间商对企业产品的了解程度，是否有经销经验，经验丰富的经销商能很快打开销路。

（3）**中间商的财务能力。** 主要是中间商能不能按时结算、是否能预付款、回款速度等。中间商的财务能力越强，销售成功的可能性越高，合作成功性越高。

（4）**中间商综合服务能力。** 综合服务能力包括售后服务、对产品的技术支持、财务支持以及运输仓储等。合适的中间商所能提供的综合服务项目与企业需要的完全一致。

（5）**中间商的合作能力。** 中间商和生产商之间合作的好坏，将直接影响产品的销售结果。中间商在合作过程中是否配合企业，对于整个渠道建设成功与否起着至关重要的作用。积极主动的合作能够实现双方共赢。

二、渠道冲突解决的办法

渠道冲突是指渠道的同一层次之间、不同层次之间的成员，由于各自的利益和资源分配的原因产生分歧、冲突。

1. 渠道冲突的原因

（1）**目标不一致。** 无论企业采用何种渠道设计，生产商和中间商之间、中间商和中间商之间，渠道成员站在各自的立场上，都在争取各自的利益最大化，生产商希望中间商存货更多、毛利更低、投入更多的宣传成本等，中间商则反之，大家目标不一致时就会产生冲突。

（2）**有限的资源。** 每个企业的资源优势都是有限的，生产商和中间商都想利用对方的资源，会产生冲突；生产商对不同中间商在资源分配上的不均衡也会产生冲突。

（3）**沟通不畅。** 在渠道的长度和宽度上都有很多渠道成员，渠道成员之间、生产商和中间商之间，可能对渠道中发生的事情由于不了解而产生分歧，如果这些存在的问题和不同主张不能及时通过沟通解决，就会产生冲突。所以渠道成员之间一定要及时沟通，统一思想，利益共享，避免冲突。

2. 解决渠道冲突的途径

（1）生产商在建立渠道时，在选择中间商时就要明确界定各渠道成员的权利、责任和活动范围；制定铁的政策，不允许有串货、跨区域销售的行为发生。

（2）明确信息沟通机制，鼓励生产商和中间商之间、渠道成员之间定期沟通，通过各种方式和手段密切加强渠道成员之间的沟通。

（3）寻求外部力量，冲突有时候需要通过第三方调解和仲裁等方式解决。

（4）建立关系规范，当出现渠道冲突时，可以根据预先设定的规范和程序解决。

单元三　服装营销渠道构成

一、服装营销渠道成员

服装营销渠道是指从生产商到消费者的流通渠道，其成员包括服装生产商、服装中间商、服装消费者和其他辅助商。

1. 服装生产商

服装生产商是指为服装营销渠道提供服装产品的企业，是这个营销渠道建设的组织者，也是渠道的源头。服装生产商提供给整个营销渠道的产品是否符合渠道目标消费者的需求，直接决定整个渠道的效率和效益，同时，渠道的构建者致力于营销渠道的建设和管理，也会推动和完善渠道的创新。

2. 服装中间商

服装中间商是指将生产商的产品传递给消费者的商业企业，主要包括服装生产商的代理机构、服装批发商、代理商和零售商。中间商是渠道功能的主要承担者，渠道建设是否成功，中间商起着关键作用。

3. 服装消费者

服装消费者是服装营销渠道的终点，渠道的任务就是将产品最终送到消费者手中，所以渠道能否成功，关键要看消费者是否认可企业的产品，是否认可渠道的便利性和可送达性。在构建营销渠道时一定要充分考虑消费者的时间成本、体力成本和精神成本，满足消费者的物超所值的购物体验。

4. 其他辅助商

其他辅助商是指渠道运行过程中支持渠道业务的成员，它们不参与渠道所有权的转移，但为整个渠道运行提供方便和支持，如运输仓储、银行保险以及广告咨询等。

二、服装营销渠道的中间环节

渠道环节中，中间商参与了实体流、所有权流、信息流、货币流及促销流的各项功能（图 8-6）。

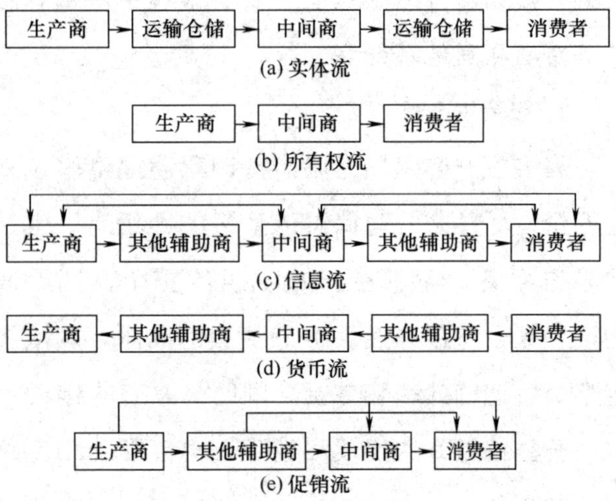

图 8-6　渠道流程

1. 服装批发商

服装批发商是指从服装生产企业购买服装产品，再转售给零售商、产业用户或非营销组织，以赚取差价的中间商，服装批发商不直接服务于终端消费者。拥有大量的货物，通过购买获得商品所有权。服装批发商在营销渠道中具有销售功能、产品储存运输功能、沟通产品信息功能、分担风险功能、为零售商提供服务功能等。

2. 服装代理商

服装代理商是代理服装市场企业进行服装产品销售的，其本身并不拥有服装产品的所有权，不实际购买产品，是通过销售服装产品赚取佣金。服装代理商与经销商的区别：服装经销商拥有产品的所有权，是自己买断了产品，自行承担产品销售成绩的风险。根据代理人得到的权限，可以将代理分为独家代理、一般代理和总代理等。服装企业采用服装代理商制度可以弥补开拓渠道上经费、管理经验等方面的不足，降低经营费用，有利于拓宽经营渠道。

3. 服装零售商

服装零售商是相对批发商和代理商而言的，是将商品直接销售给消费者的中间商，在渠道的最终端，直接面对消费者。服装零售商直接面对消费者，消费者的购买频率频繁，每次购买量小、花色品种多，因此，零售商一般会少量多次进货、低库存，非常重视人员促销。

三、服装营销渠道的终端

服装营销渠道的终端是指在服装企业建立的渠道中，直接面对消费者的终端卖场，是企业销售渠道的最前沿。

1. 服装批发市场

服装批发市场在面对零售商的同时也可以直接面对消费者，因此，也是服装营销渠道终端的成员。我国目前比较大的服装批发市场包括杭州四季青、广州白马城、福建石狮、东莞虎门富民服装批发市场等。服装批发市场一般经营中低档服装，主要以价格取胜，一般早晨以批发为主，其他时间段接待零售。近年来，批发市场也开始品牌化的经营思路，例如杭州四季青服装批发市场。

2. 大型百货商场

大型百货商场的定位是综合化的，是传统的购物场所，其经营的商品品类齐全，是消费者购买服装的主要渠道之一。近年来，随着超级市场、网络购物、新兴自媒体销售渠道的冲击，百货商场的服装销售比例在逐渐下降，但百货商场仍有其他业态不可比拟的优势，精美的装修，几乎是一对一的人员促销，使得消费者在购物心理上得到满足。

3. 服装专卖店

服装专卖店是指服装企业自己建立或由代理商建立的专门销售企业某个品牌产品或某条生产线产品的专门店。服装专卖店特点明显，通常有统一的品牌管理、统一的店铺形象、统一的经营模式和统一的产品配送。各门店经营的服装产品会根据地区、目标顾客等因素略有不同，产品选择权一般是由专卖店店长负责。服装专卖店一般开设在城市繁华的商业街道，或交通方便的商业区。服装专卖店的开设，扩大了品牌影响力，增加了企业销售额，连锁经营模式极大地增强了企业规模的扩展。

4. 服装品牌店中店

服装品牌店中店一般是商业规模比较大的服装品牌在大型商业中心开设的专卖店。大型商业中心一般拥有绝佳的地理位置，装修精良、知名度高、购物环境优雅，中心内配套齐全，可以满足消费者吃喝玩乐购一条龙服务，客源稳定，尽管租金昂贵，仍然能吸引众多品牌争相进入。在这里建立自己品牌的专卖店，在满足销售的同时，可以提升品牌形象，扩大知名度，满足消费者购买名牌产品的购物心理。

5. 超市服装销售区

超市服装销售区是随着超市在人们生活中的普及和市场的细分化，使得超市成为服装销售市场上一支新生力量。超市服装销售的款式比较简单，以实惠的价格来吸引消费者，主要销售产品品类为衬衫、内衣、家居服装等，细分定位是中低收入人群，年龄以中老年为主。品牌来源以中间商自营品牌居多，近年来，中间商自营品牌由于其成本优势、渠道优势逐渐成为行业竞争的新生力量。也有一些知名的休闲服装品牌在超市中设置专柜，借助的人气来提升品牌知名度。

6. 品牌折扣店和服装工厂店

品牌折扣店主要是经营过季、断码、下架服装的店铺，其主要特点是价格优惠，利用品牌和价格优势来吸引对流行趋势不敏感的消费者，同时，企业也能减轻库存压力，回收资金。很多知名品牌专门开设品牌折扣店，不在自己的专卖店进行促销活动，以保证专卖店的固定客源和高品质形象。品牌折扣店经营的产品都是名牌产品，由于其价格比其他渠道卖的相同品质的产品价格优势明显，强烈吸引了一些品牌意识强又经济能力有限的消费者群，品牌折扣店明显满足了这部分消费者对名牌商品的渴求，品牌折扣店的商品品质保障，使得他们成为固定客源。

服装工厂店包含两部分：一部分是服装企业在企业内部利用临街商铺建立的工厂店；另一部分是企业在各个城市中建立的品牌工厂店，与品牌折扣店不同的是，其产品来源于工厂。企业内部建立的工厂店一般价格较低，能够吸引消费者到企业工厂店购买，品质保障和价格是主要因素。很多运动休闲品牌会在城市的商业街或居民区开设自己的工厂店，在店铺陈列上与专卖店不同，陈列出样的商品不是很多，很多陈列与货品库存放在一起，商品的品类也不是很多，价格与专卖店相比会有一定的折扣。

实　训

1. 选取目标品牌，调研其渠道构成。
2. 调研渠道成员选取方法及管理办法。
3. 调研渠道终端店铺构成。
4. 制成 PPT 课堂分享。

PPT课件

项目九

服装促销策略

服装企业生产出适合消费者的产品，需要告知消费者，找到消费者，同时，消费者渴望找到适合自己在不同场合穿着的服装，需要找到服装销售企业。二者之间需要有效沟通，消费者需要企业的广告、促销、公共关系了解品牌，了解产品定位，企业需要通过广告、销售促进、人员推销、公共关系、陈列来展示商品、传播企业理念和文化、传递产品信息，吸引消费者来购买企业产品，最终成为忠实顾客。促销策略是市场营销策略的重要组成部分，是企业重要的营销决策。

有学者归纳了九项策略：①供其所需，即千方百计地满足消费者的需要，做到“雪中送炭”“雨中送伞”，这是最根本的促销策略。②激其所欲，即激发消费者的潜在需要，以打开商品的销路。③投其所好，即了解并针对消费者的兴趣和爱好组织生产与销售活动。④适其所向，即努力适应消费市场的消费动向。⑤补其所缺，即瞄准市场商品脱销的“空档”，积极组织销售活动。⑥释其所疑，即采取有效措施排除消费者对新商品的怀疑心理，努力树立商品信誉。⑦解其所难，即大商场采取导购措施以方便顾客。⑧出其不意，即以出其不意的宣传策略推销商品，以收到惊人的效果。⑨振其所欲，即利用消费者在生活中不断产生的消费欲望来促进销售。

引入案例：“勇闯天涯” 玖喆潮童 2019 夏季新品发布会圆满结束

“玩转横店，勇闯天涯”玖喆潮童2019夏季发布会圆满结束。本次发布会真正实现了客户在游戏中感受乐趣，在游玩中订货，自由自在，展现自我，“玖喆潮童，就是不同”。此次发布会开场就有一种其乐融融的气氛，感受到了新的童装时尚，“玖喆潮童”还与消费者分享了新零售的发展趋势，为新门店业绩翻倍提供许多可能和便利！

玖喆潮童相信潮流从童年开始，致力于为孩子打造漂亮精美的童装，专注经典童装打造，相信经典源自于坚持，未来的玖喆潮童专卖店，将会是一个包括服装、配饰、文化衍生品、儿童教育产品等覆盖儿童产业全部生态链的儿童生活体验中心；未来的玖喆潮童，将会是全开放的平台，从上游的供应链与合作商，到下游的代理商、终端商甚至消费者都能参与进来，创造童装行业奇迹。

（资料来源：品牌童装网 http://news.61ef.cn/329769.html）

问题引出：

1. 从案例来看，服装发布会能给企业带来什么？

2. 企业的促销方式有哪些？

单元一 服装促销策略概述

消费者的购买决策包括确认需求、信息收集、方案评价、购买决策和购后行为，在整个决策过程中，企业的促销策略起着重要作用，在需求确认和信息收集的过程中，广告起着主导作用，消费者可以通过企业广告寻找品牌产品，甄别产品的特性跟差异化；在方案评价和购买决策阶段，人员促销和销售促进是主导，销售人员的耐心讲解介绍、卖场的促销活动都能促使消费者做出购买决策，公共关系是品牌形象确立的主要途径。

一、服装促销概述

1. 服装促销概念

服装促销是指服装生产、销售企业通过各种营销传播方式、手段，向消费者传递关于服装产品的各种信息，包括服装设计理念、风格定位、价格水平等，帮助消费者认识产品能带来的利益，引起消费者的兴趣、好感与信任，激发消费者的购买欲望，最后产生购买行为的一系列活动。

促销活动的主体是服装企业或经销商，是主动开展营销活动的组织；促销活动的客体即促销活动的受众，是企业的目标消费者；促销的内容是服装企业通过促销活动向消费者传递的促销信息。

2. 服装促销作用

（1）**有助于沟通信息，消除生产者和消费者之间由于时空和信息分离引起的矛盾。** 服装生产企业通过促销，将企业文化、品牌理念、市场定位、产品信息、销售信息、产品差异化特点等传递给消费者，使消费者能在众多产品中辨析和判断，综合分析企业产品是不是自己正在寻找的产品，是不是适合自己的产品，通过促销信息的传播，可以及时传达给消费者 Why 为什么要买！ What 买的是什么！ When 什么时间来买！ Where 到哪买！ How 如何买！

（2）**有助于刺激、创造需求，开拓市场。** 服装企业针对消费者或中间商的购买心理开展促销活动，可以诱导购买，消费者可能在促销活动中突然意识到自己有这种需求，使其由潜在顾客变成现实消费者，同时在促销过程中，通过现场氛围、产品演示以及销售促进可以创造新的欲望和需求，促使产品销量增加。

（3）**树立企业形象，赢得顾客信任。** **消费者在选购产品时，很多时候是看品牌的，好的品牌代表着产品质量和售后保障，在激烈的市场竞争环境中，良好的企业形象是确保产品销量的重要因素，通过促销策略，尤其是公共关系，可以让企业和消费者保持良好的沟通，对企业产品形成信赖，产生偏好，最终成为忠实顾客。**

3. 促销方式

促销方式包括人员促销和非人员促销两种：

（1）**人员促销是指服装企业通过促销人员直接与消费者接触，向消费者介绍产品特点、流行趋势、面料设计以及推荐服装搭配，实现销售目的的促销活动。** 这种促销方式针对性强，能及时有效传递商品信息、促销信息，及时解答顾客的疑难问题，便于即时成交，同时能和顾客培养感情，易于培养忠诚顾客。

（2）**非人员促销。** 非人员促销是指除人员促销以外的，服装企业利用各种媒介、包装、店铺装修、广告等向消费者传达有关产品信息，以达到刺激消费者的购买欲望、提醒消费者发生购买行为的促销活动。与前者相比较，非人员促销传播速度快，媒介和广告传播范围广、传播的影响力度大。

二、服装促销组合策略

1. 促销组合概念

促销组合概念是指企业根据企业产品特点、经营目标以及促销的需要，有效运用各种促销手段，对广告、销售促进、公共关系与人员推销等促销手段组合，达到促进销售的目的。

企业在采用促销组合策略时，会根据此次促销的目的，来进行促销策略组合，是采用一种促销方式，还是采用两种促销方式组合或者是两种以上的促销方式，在采用两种或两种以上的促销方式时，还要考虑主次。例如，在企业新产品推出过程中，采用广告和销售促进两种促销方式，广告主要是让消费者了解企业产品，号召大家去寻找企业产品，而销售促进则是在消费者做出购买决策时，推动其下定决心，前者的作用在初期是主要的，而到了产品生命周期的成熟和衰退阶段，销售促进则是主要的。

2. 服装促销组合决策内容（图 9-1）

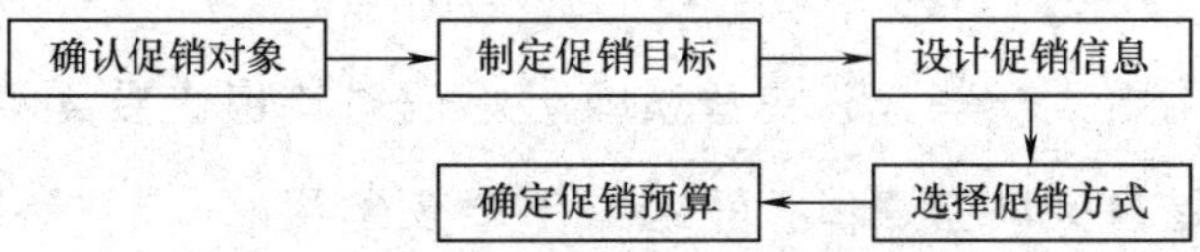

图 9-1　服装促销组合决策

（1）**确定促销对象。** 服装企业通过对目标市场进行调研，确定其产品的销售对象是现实购买者还是潜在购买者，是消费者个人、家庭还是社会团体，明确了产品的销售对象，也就确认了促销的目标对象，根据促销对象不同，采用不同的促销组合。

（2）**制定促销目标。** 服装企业面临的不同宏观环境、微观环境，服装企业战略发展的不同时期、服装产品的不同生命周期，企业的促销目标都会有所不同。企业的促销目标如果是为了获得短期利润，增加营业额，适合采用广告促销、营业推广、人员促销相结合的方式，如果企业是为了创建品牌形象、塑造名牌效应，想取得长期的效果，公共关系、人员促销都是培养顾客忠诚的促销方法。

（3）**设计促销信息。** 促销目标的实现是通过促销对象对促销信息的接收、理解来实现的。促销信息的设计非常重要，要能清晰表达企业的诉求，明确促销希望达成的目的。信息设计要简单、明确、清晰。消费者群并不全是专业人士，所以促销信息设计尽量不要充满专业词汇，要简洁、易懂。促销信息的诉求一般包含理性诉求、感性诉求和道德诉求三种。

（4）**选择促销方式。** 前面三点都确定之后，结合促销的人群、促销目的以及促销信息，选择促销组合方式，在广告、人员促销、销售促进和公共关系四种促销方式中组合搭配，促使其发挥最优的促销效果。

（5）**确定促销预算。** 无论哪一种促销组合策略都是要有成本支出的，服装企业要结合自己的促销目标，考虑企业的经济实力来决定促销组合的应用策略，同时要考虑每一种促销方式花费的资金、取得效果的周期来决定促销组合策略。如果企业促销费用宽裕，则可几种促销方式同时使用；反之，则要考虑选择耗资较少的促销方式。

3. 促销组合方式优缺点对比

促销组合包括广告、人员推销、销售促进和公共关系（表 9-1）。

三、促销组合应用策略

服装企业在使用促销策略时，可以采用推式策略、拉式策略和推拉结合策略。

表 9-1　　促销组合特点

促销方式	优　点	缺　点
广告	覆盖面广、传播迅速、影响力大、形式多样、相对费用低	间接性、单向性、盲目性、效果不易测定
人员推销	针对性强、双向性、直接性、灵活性、效果明确	费时、费钱、费工
销售促进	影响力大、刺激性大、效果直接	信任度低、不易长期使用
公共关系	影响面广、易取得信任	见效慢

1. 推式策略

推式策略是指服装企业首先采用人员推销策略，利用企业销售人员寻找中间商，以中间商为促销对象，提供货源给中间商，利用中间商将产品推入销售渠道，中间商采用销售促进促销策略，进而将产品销售给最终用户消费者（图 9-2）。推式策略主要有销售人员上门推销、举办产品宣传讲座、订货会等。

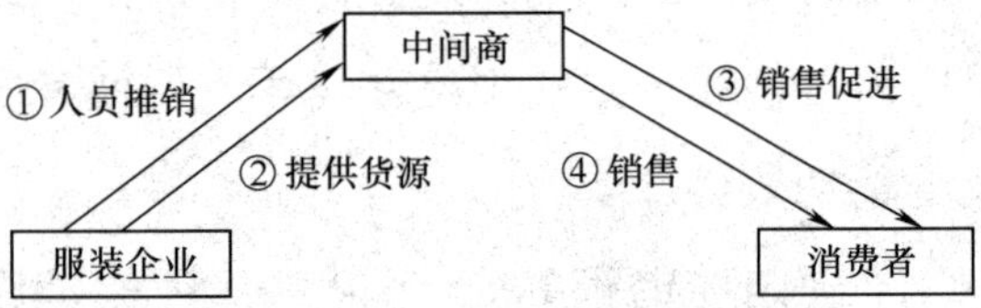

图 9-2　推式策略

2. 拉式策略

拉式策略是指服装企业通过广告宣传等促销活动，引起消费者产生需求，产生购买欲望，到消费市场寻求该产品，促使零售商向批发商、批发商向服装生产企业寻求该产品，企业完成供货，最终满足消费者的购物需求（图 9-3）。拉式策略的主要促销方式是通过广告宣传，拉动中间商对产品的需求，在使用过程中结合销售促进等促销方式，完成产品销售。

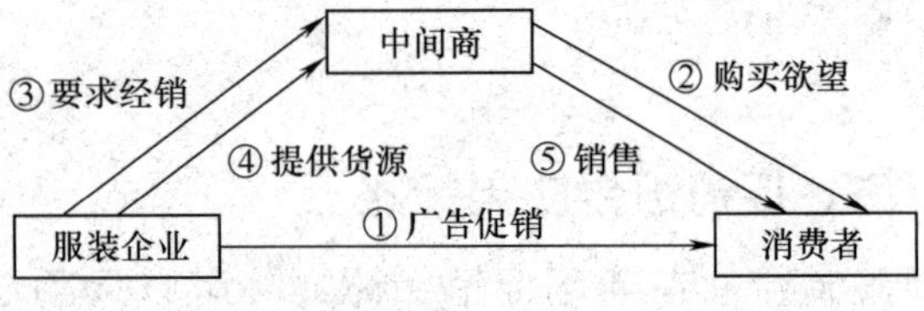

图 9-3　拉式策略

3. 推拉结合策略

推拉结合策略是服装企业在实施促销策略时将推式和拉式两种策略有机结合起来，即采用人员推销寻找中间商销售将产品推进销售渠道，同时又大量进行广告媒体宣传，刺激消费者购买欲望，吸引消费者到终端渠道去寻求产品，加速中间商的销售意愿，从而完成产品的销售，提升品牌知名度（图 9-4）。

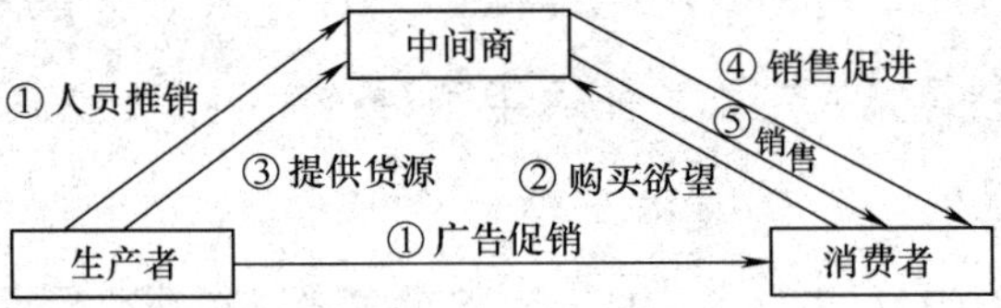

图 9-4　推拉组合策略

四、影响促销组合选择因素

1. 产品市场类型

服装产品针对的市场性质不同，促销组合的作用也不同。在面对消费者市场时，广告的作用更大一些，消费者获取产品信息的最主要渠道是各种广告媒体，而组织市场在购买时一般是专家购买，对行业信息熟悉，对广告依赖较小。销售促进对两种的作用一样，在购买决策阶段，无论市场消费者市场还是组织市场，产品优惠力度起着至关重要的作用。人员促销对组织市场的作用要大于消费者市场，组织市场购买时要依靠人员对产品、服务进行说明，售前、售中及售后都要有销售人员跟踪服务。公共关系是企业形象的建立过程，对两个市场同等重要。

2. 消费者决策阶段

消费者的购买决策过程包括需求确认、收集信息、方案比较、购买以及购买后行为。在购买

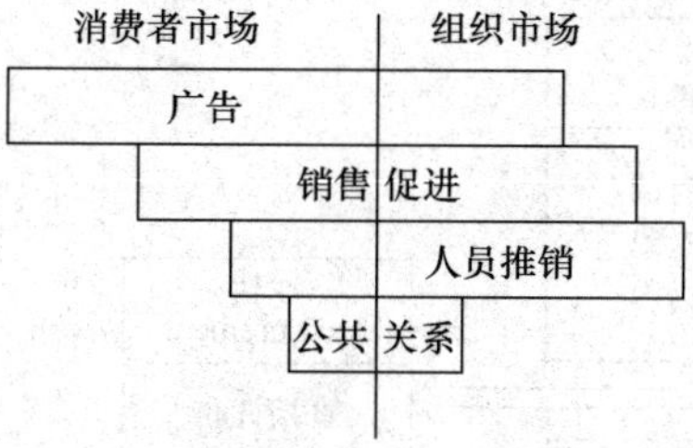

图 9-5　促销方式对产品市场的影响

决策的不同阶段，促销手段所起的作用不同。在需求确认阶段，广告起着重要的作用，并不是所有消费者都明确自己需求，有的消费者是被动提醒者，是需要通过广告、销售人员来提醒其存在需求的；在收集信息、方案对比阶段，广告、人员促销发挥主要作用，消费者一般会通过网络、朋友、到店铺收集信息，对比产品，进行方案比较，在购买阶段主要是人员促销和销售促进发挥作用，购买决策受价格和促销活动的影响。公共关系是企业形象建立的关键，良好的口碑和形象是最好的促销。

3. 产品生命周期

服装产品在不同的生命周期，企业促销的目的也不相同。在引入时期，服装产品刚刚进入市场，消费者并不知晓产品，促销的目的是让消费者了解并知道企业产品，广告宣传是主要途径，在成长时期，产品已经被消费者知道，销量上升，此阶段促销是让消费者了解企业产品与其他品牌产品相比较的优势和差异性，还可以用广告，但诉求重点发生变化，人员推销也是重要引导消费者选择企业产品的方法。成熟时期大部分消费者已经熟知产品并拥有产品，销量趋于饱和，市场竞争激烈，模仿品使得竞争更加激烈，此时，销售促进是能够有效打动消费者的方法。产品进入衰退期，企业的促销目标是减少投入、减少库存，尽快回收成本，促销活动减少，销售促进是主要手段。

单元二　服装广告策略

广告在人们现代生活中如影随形，无时无刻不在我们身边，激发消费者的需求和欲望，而对于企业而言，随着产品之极大丰富，再也不是“酒香不怕巷子深”的时代了。一方面，消费者需要且信赖广告的引导；另一方面，企业需要通过广告将企业产品授之于大众，广告已成为企业开拓市场、促进销售、树立企业形象的主要手段，广告也是企业和消费者沟通的桥梁。

一、广告的定义和分类

广义的广告即“广而告之”，是指机构向大众传播信息的手段和行为，狭义的广告专指商业广告，是企业以自身盈利为目的，通过付费的形式，通过广告的宣传媒介和形式，就产品、服务和观念对消费者、中间商和公众进行信息传播的手段，从而有效地影响消费者、中间商、公众，促成整体营销计划的活动。

服装广告是指狭义的广告，服装企业以盈利为目的，以付费的方式，通过传播媒体，向目标消费者、中间商和社会公众传递产品信息，对服装穿着搭配理念、服装产品本身或服务进行信息传播的促销手段。

服装广告传播过程中要做 5M 决策，包括策划广告要达成的目标任务（Misson），广告的成本预算（Money），广告信息（Message）传播的目的是介绍产品、诱导消费还是提醒使用，信息传达内容：产品信息、企业信息、市场信息、服务信息，广告使用的媒体（Media）以及对广告效果的评估（Measurement），如图 9-6 所示。

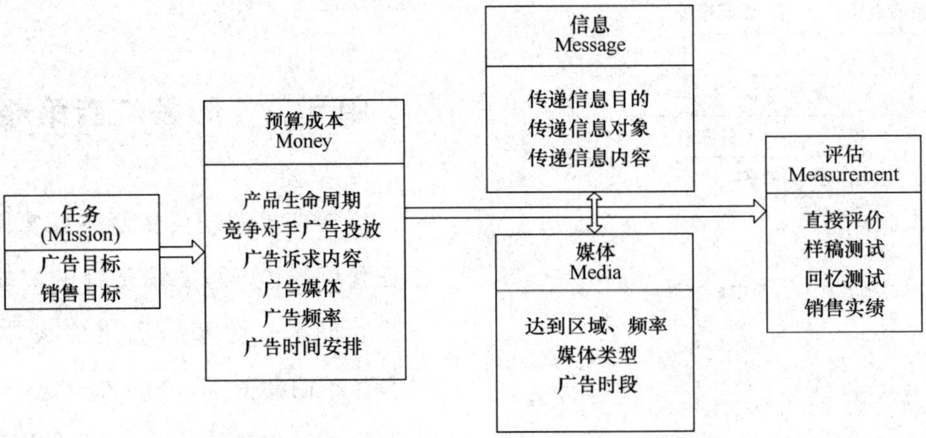

图 9-6 广告 5M 决策

二、服装广告功能

1. 信息传递功能

广告的最基本功能就是信息传递，广告传递的主要是商品信息，是沟通企业、经营者和消费者三者之间的桥梁。广告通过精心编辑的文字、图像、声音、情境等向消费者传递信息。传递信息包括服装产品的生产信息、渠道信息、促销信息等。

2. 促进销售功能

广告是促销手段，促销的终极目的是促进销售。广告能够激发消费者的现实需求，刺激消费者的潜在欲望，引导消费者产生购买行为，同时，通过不断地强化、塑性，培养消费者习惯性购买行为。

3. 美学功能

广告作为一种特殊的精神产品，要使消费大众接受，必须具有一定的审美价值，在一定程度上满足消费者的审美需要。一个成功的广告，实际上就是一件值得收藏的艺术品，它是通过艺术设计、精美画面、完美的演绎向消费者、大众展现企业产品、传达企业理念、文化，人们透过广告，在精神上有美的享受，提升生活品位。

4. 竞争功能

广告策略是企业重要的竞争策略。企业新产品上市，消费者是通过广告了解产品风格、面料特点、购买地点等信息的，在市场竞争激烈、产品更新快的情况下，大规模的广告能够吸引大量的消费者购买企业产品，有利于企业开拓市场，提升竞争力。服装广告策略信息宣传全面，宣传渠道广泛，能够帮助企业树立企业产品形象和企业形象，让消费者在同质化的服装产品中对企业产品产生个性化记忆，从而强化企业的竞争力。

三、广告开发步骤

服装广告开发的步骤包括前期市场调研、设定广告目标、产品广告定位、选择广告媒体、确定广告设计原则、完成广告创意及制作，制定广告预算和评估广告效果。

1. 市场调查

在广告策划之前首先第一步要做的就是前期市场调查。调研内容包括宏观环境和微观环境。宏观环境调研包括人口、经济、政治法律、自然、科学技术社会文化。微观环境调研包括企业历史、文化理念等内部环境；消费者购买动机、消费习惯等因素；竞争对手的产品、广告定位、媒体选择等广告策略；产品本身性能特点等调查。

2. 设定广告目标

企业的战略目标是以创造理想的经济效益和社会效益为自己所追求的目标。广告目标要和企业的战略目标一致，确定广告目标是广告计划中至关重要的起步性环节，是为整个广告活动定性的一个环节。

（1）**提供信息。** 以向消费者提供信息为目标的广告，叫作提供信息广告。这种广告目标一般是在市场开拓阶段，即新产品刚刚上市时期，企业通过广告向消费者提供信息。例如，通过广告告诉消费者将有一种新产品上市，介绍某种产品的新用途或新用法，告诉消费者流行信息，减少消费者的顾虑，建立企业信誉等。这种广告的目的在于建立基本需求，即使市场需要某类产品，而不在于宣传介绍某种品牌。

（2）**诱导购买。** 诱导购买通常发生在市场竞争激烈的产品成长期阶段。服装企业通过广告建立企业的品牌偏好，广告的主要目标是让消费者有效区别企业服装产品与其他企业的不同之处，改变顾客对企业产品的态度，鼓励顾客放弃竞争者品牌转而购买本企业品牌，诱导顾客立即购买，叫作诱导性广告。这种广告的目的在于建立选择性需求，即使目标沟通对象从需要竞争对手的品牌转向需要本企业的品牌。操作过程中，有些诱导性广告或竞争性广告发展为比较广告，即广告主在广告中拿自己的品牌与若干其他品牌相比较，以己之长，攻人之短，以宣传自己品牌的优越性。

（3）**提醒性广告。** 提醒性广告也叫提示广告，一般在产品的成熟期采用，是对产品过去选择的一种强化，即企业通过广告活动提醒消费者需要购买某个产品，并提醒他们可到何处购买该产品。这种广告的目的在于使消费者在某种产品生命周期的成熟阶段仍能想起这种产品。

3. 产品广告定位

产品广告定位包括实体定位和观念定位：

（1）**实体定位。** 是指从服装产品本身利益出发，强调自身产品与竞争产品之间的不同之处，能给消费者带来的最大益处，其着眼点是产品本身的设计特点、风格，能给消费者带来的价值。实体定位包括品质定位、市场定位、功效定位和价格定位。

① 品质定位：定位主要以产品的品质作为诉求重点，强调服装产品的差异性，强调产品品质优良。这种定位恰好满足了一些注重产品品质的消费者，能够吸引这些消费者成为忠实顾客。

② 市场定位：是在市场细分的基础上，将市场细分后选定的目标市场作为定位宣传目标，根据目标消费者特点定位，强调对于这部分细分市场企业产品的特殊意义。比如海澜之家的广告“海澜之家，男人的衣柜”，是针对男性消费者的服装市场。

③ 功效定位：是指在广告的定位宣传上强调产品的使用功能，从而使企业品牌和竞争品牌有效区分开来，以吸引消费者的注意，增强竞争。主要选择企业产品能带给消费者和同品类产品不一样的功效。例如，台湾某牛仔裤品牌广告：犹如你的第二层肌肤，体现其面料柔软，给顾客带来的舒适感受。

④ 价格定位：通过产品的价格差异来进行广告定位。价格定位更多利用的是消费者的购物心理作用，人们在购买高端服装产品时，由于购买频率低，所以希望购买价格较高、品质较好的产品，以体会品牌产品带来的满足感，而当消费者购买频率较高，更换频繁的服装产品时，则希

望物美价廉，应采用低价定位策略。

（2）**观念定位。** 是指在消费者心理为企业产品重塑一种新的观念，突出产品新的价值取向，形成新的认知。观念定位包括逆向定位和是非定位。

① 逆向定位：是利用人们反向思维来定位的方法，是企业差异化营销的一种，逆向定位可能转化消费者的固有观念，反而给消费者耳目一新的感觉，能让消费者记住品牌特征。例如，法兰诗顿西装品牌将其品牌定位为“刚柔并济的男人”，摒弃了西服品牌突出男性阳刚之气的传统定位，直击现代男女柔软的内心。

② 是非定位：在制作广告时，提出一种新的观念，通过和已有的旧观念对比，来形成新的消费观念。例如，美国七喜汽水广告定位“非可乐”，确立了自己独特的形象，明确了自己产品的特点，让消费者一下子就记住了。

4. 选择广告媒体

广告媒体是传播广告信息的载体，是实现服装企业和传播受众之间信息传播的技术手段。现代广告媒体的种类繁多，凡是在广告宣传过程中起到传播作用的工具都是广告媒体。

（1）**电视媒体。** 电视媒体是现代广告传播媒体中应用最广泛的传播媒介。通过文字、声音、图像、色彩等丰富多彩的艺术表现手法，通过演员、模特生动形象的表演，让消费者有身临其境的感觉。

电视媒体的优势是生动形象、娱乐性强，在轻松愉快的气氛中消费者就被说服；同时电视媒体的覆盖面广，收视率高，电视在我国不论城市和农村已经普及。且已成为人们生活中不可或缺的一部分，电视媒体的传播速度快，超越了时间和空间的限制，可以在相同的时间将广告传播到全国各地，真实直观，因为有声音、文字和画面，容易理解，通俗易懂，真实传达广告诉求，刺激消费者的欲望和需求。电视媒体的缺点是广告的费用高，其拍摄需要专业团队，如果聘任名人和演员，成本更高，同时，由于其时间较短，传达信息少，且稍纵即逝，需要不断重复播放，来引起消费者注意，播放时面对所有受众，针对性受到限制。

（2）**报纸媒体。** 报纸媒体是最早使用的广告传播媒体。是企业利用报纸这种大众传媒将企业产品信息放到报纸的某个版面，提醒消费者关注企业信息，适时购买。

报纸媒体的优势是：传播面广，由于其读者广泛，发行量大，使得其覆盖面广泛，其时效性强，报纸广告的内容均有很强的时效性，都是当天的内容，不会延误。由于报纸是印刷品，具有不易消失性，报纸设计与制作不需要复杂程序，简单灵活，可以根据市场反应，及时修改广告方案，更有针对性。近年来，为了适应网络对人们生活的冲击，很多报纸在发行的同时也有电子版同步推送，使得其阅读量增加，受众群增大，增强了宣传效果。在推送的选择上，企业可以根据目标消费者特征，选择推送的报纸，效率更高。报纸媒体的缺点是：寿命短暂，读者只读当日报纸，一般不会重复阅读，同时，报纸上的栏目多，内容复杂，分散读者的注意力，报纸的印刷一般很少采用彩色，印刷质量受到限制。

（3）**广播媒体。** 广播媒体是利用人的听觉为传播媒介的媒体。是通过演艺人的声音、音效和收听者的解读，来完成广告信息的传播。

广播媒体的优势与电视媒体一样，它的传播不受时间和空间限制，能够快速传播，覆盖面广泛，凡是电波能到达的地方，不论农村、城市，都可以接收到；其内容根据广告效果的要求，可长可短，形式多样，可以做到声情并茂，其制作简便费用较低；缺点是：由于广播信息播出时间短，需要不断重复才能形成记忆，引起注意，因为只能通过声音表现影响创意手法，有局限性。

（4）**杂志媒体。** 杂志媒体是通过不同专业方向的杂志，将消费者群分类，有针对性的刊登广告信息的媒体。杂志媒体由于其有固定的读者群，并不是常用的广告媒体。

杂志媒体的优势：读者集中，有专业性，针对性强，企业可以根据自己的专业特性选择自己的专业杂志，杂志的有效期长，易于保存，杂志印刷过程中，一般采用彩色印刷，可视性好，可以做到图文并茂，吸引消费者，给人以视觉美的享受；其缺点：由于其专业性强，传播面窄，杂志的出版周期长，时效性差，制作成本高。

（5）**户外媒体。** 户外媒体是指利用路牌、霓虹灯、车体、建筑物外墙等露天或公共场合通过广告的形式向消费者传达产品或服务的信息。

户外媒体的优势是：具有很强的选择性，形态多样，企业可以根据自身需求、消费者特性、产品特点进行选择。为了醒目，引起人们的注意，可以在建筑物上面制作广告牌，其色彩鲜艳，欣赏性强，与其他形式相比较成本较低。缺点是：广告信息量有限，宣传区域小。

（6）**网络媒体。** 网络媒体是企业利用网络技术在各种网络平台、自媒体等网络平台上进行广告宣传的媒体。随着网络技术的普及，特别是“90后”“00后”跟着网络成长起来的一代，获得信息的途径几乎全部来源于网络。特别是时下流行的直播平台，已成为年轻消费群体获取广告信息的主要来源。

网络媒体的优势是：广告形式多种多样，网络媒体的广告信息包括视频、文字、图片等，能够生动形象的展示产品信息，互动性强，在传播过程中可以交流，实现双向沟通，缩短了企业和消费者之间的距离，是其他媒体形式无法达到的。由于其传播受众的可选择性，使其针对性更强，效果更好，互联网的超越时间和空间特性也是网络媒体可以不受时间和空间限制，传播区域更广，有效时间更长。其缺点是：由于网络传播的信息量巨大，需要消费者去甄别判断。

5. 确定广告设计原则

（1）**创造性原则。** 创造性原则是指服装企业广告的独创性，要有创意，让消费者记住品牌个性。在品牌设计广告时要大胆创新，可以独辟蹊径，有与众不同的想法和观念，让消费者产生联想，记住品牌的差异性。

（2）**真实性原则。** 强调在广告的设计过程中，企业产品信息、企业信息是真实可靠的，不能虚假和过度夸大，这是广告能被消费者接受和认可的基本条件，要充分考虑企业在消费者心目中诚实可靠的形象。

（3）**简洁性原则。** 无论是哪一种广告形式，广告的时间都很短暂，要在有限的时间内清晰表达广告要传达的信息，广告必须坚持简洁性原则。广告的主题明确，在有限的时间内清晰表达企业诉求，让消费者一目了然。

（4）**艺术性原则。** 美学功能是广告的功能之一，广告应具有艺术感染力，广告要用生动的语言、巧妙的构思，唯美的画面，吸引消费者，产生感染力和说服力，在介绍产品的同时，让消费者产生强烈共鸣，记住品牌特征。

（5）**科学性原则。** 广告无论在内容、形式创意上都要遵循科学性原则。广告创意的内容要严谨、有逻辑，不允许有反科学的内容。

6. 完成广告创意

广告创意过程包含以下五个阶段：

（1）**调查研究阶段。** 调查研究的主要手段是收集资料，是广告创意的第一阶段，也是最重要的基础工作阶段。收集的资料包括特定资料和一般资料。特定资料是围绕产品和企业本身的特定的资料，指从企业广告负责人、企业技术人员、高层管理者、销售人员、消费者等，收集信息包括产品、服务、消费者以及竞争者的相关资料，这些资料是广告创意的主要来源。一般资料是创意者收集和存储的关于创意产品的知识和信息，是创意者日积月累的学科资料，直接影响创意文案的质量。

（2）**分析整理阶段。** 这一阶段首先要做的是将收集来的信息进行分类、归纳、整理，将广告诉求点、能打动消费者的创意点一一罗列出，找出消费者最关心、最迫切需要的需求，找到创意的突破口。

（3）**酝酿思考阶段。** 当长时间的研究分析没有合适的结果时，可以将思想放空，使其在潜意识的心智中，可以做一些轻松愉快的事情，解放身心，好的创意往往就是在不经意间产生的。

（4）**创意产生阶段。** 即创意的产生阶段，在不断思考的过程中，好的想法和点子会不断出现，经过酝酿阶段，会有不同的创意产生，这些创意往往各有特点，需要不断分析对比，遴选出最优的创意。

（5）**评价完善阶段。** 对选出的创意方案进行试用、评估，小范围讨论，仔细推敲，使创意更加完善。

7. 制定广告预算

广告预算是广告战略的一项重要内容，是指服装企业对某一特定时间内的广告活动所需要的广告经费的总额、试用方法、试用范围等的一个提前计划。企业的年度广告预算通常是在前一年的年末，结合当年的情况，制定出下一年的广告需要费用。广告预算的主要目的是为了更有效、有计划、有目的地使用广告经费，以保证经费的合理支出，避免浪费。

影响广告预算的因素有产品的生命周期、竞争对手、销售目标、市场范围、广告媒体、企业财务的负担能力等。根据影响广告预算的因素，计算广告经费预算的方法有：①量力支出法，根据企业财务的承受能力确定广告预算。②增加预算，在前一年广告的投入上，增加一定比例。③销售百分比，以一定时期内销售额的一定比率为广告投入。④与竞争对手比较，根据竞争对手的广告投入确定企业的广告预算。⑤确定目标与工作投入，根据目标投入。

8. 评估广告效果

广告的目的是为了将企业的信息有效传达给消费者，广告的效果如何，有没有达到广告主的初衷，需要进行评估。广告评估是测量广告活动或广告作品对消费者产生的影响。通常指的是广告产生的经济效果和传播效果。

单元三　人员推销策略

服装企业在终端店铺销售或面对组织客户时，人员推销仍然是主要促销方式，人员推销在服装企业的促销手段中，是最重要的促销手段之一，销售人员和顾客面对面的交流能够有效解决问题，实现现场购买。

一、人员推销概述

1. 人员推销的概念

人员推销是指企业的专职销售人员，运用一定的推销手段和技巧，直接与消费者接触，向消费者介绍产品和服务，引发消费者的购买欲望，激励消费者产生购买行为，以实现推动销售的目的。人员推销的基本形式包括柜台销售、上门推销和会议推销。

2. 人员推销的优缺点

（1）**优点：**

① 针对性强。人员促销是销售人员和消费者面对面接触，可以和消费者直接沟通，针对消费者的需求介绍产品和服务，针对不同类型的消费者，可以采用不同的推销策略，同时为消费者提供个性化服务，在销售过程中，根据其反应，做出灵活应对。

② 信息收集、传递。在人员推销过程中，推销人员和消费者之间的信息传递是双向的，在传递企业和产品信息的同时，也收集关于消费者的信息，比如消费者对企业产品态度、消费者对企业的印象及希望企业的改进等。

③ 即时成交。由于是面对面沟通，消费者遇到的问题可以得到促销人员的及时解决，销售人员可以根据自己的专业知识引导和促成交易，及时成交率较高。

④ 实现顾客满意策略。人员促销，特别是柜台促销，可以和消费者沟通交流的信息很多，企业通过环境、陈列，使消费者愿意在专卖店中停留，愿意和促销人员进行信息交流，在即时成交后愿意留下自己的会员信息，成为忠实顾客，实现顾客满意。

（2）**缺点：**由于是面对面促销活动，消费者访问的时间和地点受限制；同时，对推销人员素质要求较高，能否实现即时成交以及能否实现顾客满意，很大程度上取决于推销人员的专业素质和个人魅力，因此，销售人员的选拔和培训是很重要的因素。

二、人员推销的流程

1. 确定目标

人员推销的第一步是要明确推销的对象和推销的目标。确定推销的目标是中间商、集团，还是消费者个人用户，设定推销要达成的目标，将企业产品推给中间商，说服集团购买还是将企业服装产品推销给个人消费者。

2. 收集信息

根据前面确定的客户类型和人员促销的目标，开始信息资料的收集工作。如果是向中间商推销我们的新产品，就要收集中间商的相关信息，了解其销售区域、目标顾客群的涵盖范围等；如果是组织采购，就要收集产品最终给谁用，采购的目的，预算等；如果是最终消费者，就要了解消费者为什么购买、穿着的场合等信息，收集信息能，使推销人员在推销的时候，有针对性，以更好地满足消费者的需求。

3. 推销介绍

在掌握了客户需求后，促销人员需要进行推销介绍，根据客户信息和客户介绍，设计吸引消费者兴趣的促销展示，建立消费者对产品的偏好，满足消费者的需求和欲望。

4. 回答异议

在与客户进行面对面交流的过程中，很容易发现对产品、服务、价格等方面存在的异议，促销人员要尊重顾客的建议，及时且认真解决顾客提出的问题，避免与顾客发生争执，妥善处理，消除顾客疑虑。

5. 促成销售

在推销介绍和回答异议的环节中，都可能完成销售任务，当促销人员满足顾客的需求，让顾客对企业产品产生满意后，促销目标实现，交易达成。

6. 售后服务

交易达成并不是人员促销的最后一步，好的促销人员应该和顾客建立长期合作的关系，能够将顾客留住，定期和顾客联系，使其成为品牌的忠实顾客。

三、推销模式

推销模式是根据推销活动的特点以及消费者在购买过程中的不同心理阶段反应，所采取的应对措施，是程序化的推销形式。

1. 爱达模式（AIDA）

爱达模式根据消费者的购买心理变化过程，可以将推销过程分为以下四个阶段：

（1）Attention：**引起顾客注意。** 可以通过介绍产品的使用价值，帮助顾客解决问题，提供有价值的资料；展示产品的独一无二、与众不同等，在引起顾客注意时，可以利用语言和促销人员的个人魅力引起顾客注意。

（2）Interest：**激发顾客兴趣。** 可以通过展示服装产品的独特设计、面料、流行趋势等，让消费者了解品牌特征及穿着后能带给自己的附加值，使其产生联想，提升个人形象。

（3）Desire：**刺激顾客购买欲望。** 刺激顾客的购买欲望一定要找到打动消费者的点，可以突出企业产品独特的卖点，能带给消费者的利益，推销过程中可以与消费者找到共同语言，建立情感，刺激购买欲望。

（4）Action：**促使顾客产生购买行为。** 在刺激顾客购买欲望的过程中，把握时机，强化购买意识，及时促成购买行为发生。

2. 迪伯达模式（DIPADA）

迪伯达模式包含以下六个步骤：

（1）Definition：**准确发现顾客的需求和欲望。**

（2）Identification：**将顾客需求与推销产品联系。**

（3）Proof：**证明产品能够满足顾客需求。**

（4）Acceptance：**使顾客接受所推销的产品。**

（5）Desire：**激起顾客产生购买欲望。**

（6）Action：**促使顾客产生购买行为。**

四、推销人员的培训

人员促销活动的成功与否，与推销人员的专业知识、个人素质有很大关系，推销人员是企业信息传播、企业服务、企业文化的主要传播载体，是企业的对外形象代表，对其培训是十分必要的。

1. 企业文化

推销人员是站在企业的最前端，和终端顾客直接接触的人，消费者是通过销售人员了解企业文化的，首先对销售人员的培训应该是企业文化，要对销售人员系统的培训企业文化、企业精神、品牌理念，企业的发展历史及企业未来发展规划，让其对企业了解，进而热爱，才能全身心地投入工作中。

2. 服装专业知识

作为服装产品的销售人员，必须掌握服装相关商品知识、搭配技巧、商品陈列知识、进销存记录等。顾客对销售人员的信任来源于销售人员的专业。

3. 销售专业知识

除了服装专业知识外，销售专业知识也是必需的，销售人员要培养良好的心理素质、顺畅的沟通技巧，能准确判断消费者的购买阶段。良好的沟通能够快速拉近与消费者的距离，掌握消费者的购买信息和目的，有针对性地介绍产品，抓住打动消费者的卖点，果断促成交易。销售人员还应掌握顾客满意策略，针对顾客售后建立顾客信息库，适时与顾客联系，培养顾客对品牌的感情，使其成为忠诚顾客。

新观念：

对于服装行业，一方面，服装产品极大丰富，越来越多的品牌能提供给消费者更多地选择；另一方面，消费者的购物经验丰富，对服装产品的个性化需求增强，购物目的明确，对品牌终端店的促销人员要求更高。传统的“销售”已不能满足消费者的购物需求，服装终端店的销售应转变为搭配师，具备流行趋势分析、色彩搭配、体型和服装廓形关系、顾客购物心理分析等专业知识，将简单的销售技巧转化为综合专业素质。让消费者购买的不仅仅是一件服装，而是一种生活态度、一份对流行趋势的追逐、一份对美的追求，进而加深对品牌的理解，成为忠实的顾客。

单元四　销售促进策略

一、销售促进的含义

销售促进，也叫营业推广，是指服装企业在特定的目标市场中，为鼓励消费者和中间商购买而采用的特殊手段，对其实行强烈刺激，以求短期内企业销售迅速增长的促销行为。销售促进是企业在短期内对消费者和中间商采取的非常规、非经常性使用的促销手段，长期使用会影响企业的品牌形象。在使用过程中，通常会配合广告、人员促销和广告关系共同使用。

二、销售促进的作用

销售促进能够带给消费者和中间商强烈刺激，短期内实现销量快速增长，是服装企业开拓市场和提高市场占有率的有效方法。

（1）**扩大市场占有率。** 当服装市场品牌数量增加，消费者面临的选择增加，有效的销售促进可以吸引消费者注意，增加品牌的销量。当产品同质化现象严重，产品风格特点、品牌特征不明显时，销售促进可以刺激消费者的即时购买行为，增加产品销量。利用销售促进可以加快新产品或新品牌进入市场，增加每次的购买数量和购买产品的档次。

（2）**保持企业市场竞争力。** 当竞争对手在使用销售促进进行大规模促销活动时，为了留住顾客，避免市场份额丢失，就要及时、有力地进行防御性营销措施，以保持企业的市场竞争力，保持竞争平衡。

（3）**实现顾客满意。** 随着消费者的消费经验丰富，其购物行为越来越趋于理性，讨价还价的能力逐渐增强，销售促进可以通过奖励品牌忠诚者，留住老顾客，开发新顾客。可以鼓励顾客重复购买，培养品牌忠诚度。

（4）**牢固与中间商的关系。** 服装企业可以运用购物馈赠、赠送陈列指导、卖场宣传海报等多种销售促进方法来激励经销商更多的进货、加大销售热情，牢固与中间商的关系。

三、销售促进特点

销售促进是企业为了增加销售数量，对消费者和中间商采取的促销方法，一般配合广告、人员促销和公共关系一起使用，效果更佳。

（1）**收效快，见效期短。** 销售促进因其强烈的刺激作用，能够短期内实现销售额迅速增长。服装企业可以在产品的不同生命周期或企业经营的不同阶段，因为竞争、市场占有率等问题发起销售促进。由于销售促进强力的吸引力和影响力，能唤起消费者的广泛注意，即时购买行为增加。销售促进的结果体现在增加产品的购买人数，增加每次平均购买数量；增加产品的试用人数，能够使从未使用过品牌的消费者尝试试用品牌。

（2）**形式多样、短期效益。** 销售促进的形式多样，针对消费者的促销方式包括价格折扣、竞赛抽奖、赠送礼品、商业贴花等，服装企业可以根据销售促进的目的进行各种方式的选择、混合使用。

（3）**副作用大，影响品牌形象。** 财务性的销售促进容易破坏品牌形象。销售促进的各种形式最终体现在价格的降低，因此，会让消费者对产品质量产生怀疑，影响下一季服装的销售。

（4）**管理难。** 销售促进的计划、组织、执行、控制难度高，需要强有力的企划人员、领导和组织机构。

四、销售促进的分类

销售促进根据其促销对象的不同，可以将销售促进分为三大类：对消费者的销售促进、对中间商的销售促进和对销售人员的销售促进（表 9-2）。

表 9-2　　销售促进分类

销售促进对象	销售促进方式
消费者	赠送样品、包装促销、现场示范、商业贴花、价格折扣、赠代金券、竞赛抽奖、会议促销、赠品促销、利益承诺
中间商	批发回扣、现金回扣、推广津贴、经销商竞赛、订货会、贸易展览、现场演示、企业刊物、陈列指导培训
销售人员	销售提成、奖励推销金、人员竞赛、人员培训

以下是几种常用的销售促进方式：

（1）**价格折扣：** 价格折扣是服装企业经常采用的一种销售促进方式，也是消费者比较喜欢的一种销售促进方式，是通过直接降低服装产品零售价格来吸引品牌忠实顾客再次购买，而价格折扣也能吸引未穿着本品牌服装的消费者来试穿品牌服装，开发新用户。同时，价格折扣也是服装企业处理库存最主要的方式，可以将换季产品或号码不全的产品及时销售。

（2）**有奖销售：** 有奖销售是利用消费者侥幸心理，利用消费者集体的力量来推动销售数量达到一定的限额值，达到限额值后可以产生一定比例的奖项，有些有奖销售是在规定时间内进行抽奖，消费者会对开奖有所期待，从而刺激其迅速做出购买决定。

（3）**赠品促销：** 是指服装企业对于购买本企业产品的消费者提供赠品的销售促进方式，一般赠品是需要消费者的消费金额累积到一定额度，根据消费金额的多少，赠品的档次及数量会有所不同，这种方法有利于刺激消费者连带销售，为了拿到不同的赠品，消费者可能会购买不同的产品，搭配购买，以期得到想要的赠品。

（4）**订货会：** 大部分服装品牌企业每年会召开春夏和秋冬两季订货会，企业通过邀请中间商，在订货会现场进行服装表演，有主持人解说，介绍服装产品的风格特点、设计细节、面料组成等，以供订货商参考，进行产品订购。企业可以根据订货量来安排生产，这样可以有效减少库存，同时，中间商也可以根据本区域顾客特征、自己的销售经验、数据来选购经销的产品，减少销售风险。这种销售促进方式通常会配合广告、公共关系、人员促销共同使用，这样效果更好。

五、销售促进的决策过程

销售促进的决策过程包括以下六个方面（图 9-7）：

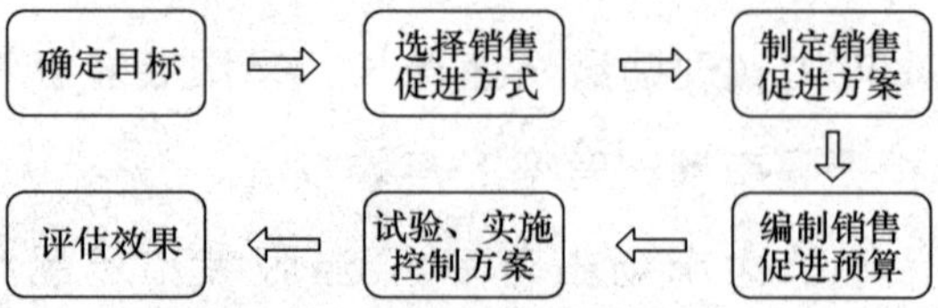

图 9-7　销售促进的决策过程

1. 确定销售促进目标

确定销售促进目标是销售促进策略决定的第一步，销售促进目标一定和企业的总体促销策略目标一致，要结合企业的营销总目标。同时，销售促进目标还与销售促进的对象有关，当销售促进的对象为消费者时，销售促进目标可能是销售额的快速增长、鼓励重复购买、吸引潜在消费者试用、提升品牌知名度。如果是对中间商的销售促进，销售促进目标可能是增加中间商订货量、鼓励中间商进行产品宣传、鼓励中间商经销新产品、牢固与经销商关系，加深合作关系等，对销售人员的销售促进目标可以是激励其增加产品销售额，鼓励其提升专业素质。销售促进目标要结合实际情况制定。

2. 选择销售促进方式

销售促进方式的选择要考虑以下几个方面：①促销对象，此次促销的对象是谁，根据不同的促销对象选择不同的促销方式。②促销目标，结合销售促进要达到的目标来选择销售促进的方式。③竞争对手，进行市场调研和分析，了解品牌和行业竞争是如何做销售促进的，是要跟进还是要与其采用不同方式以及成本预算等。

3. 制定销售促进方案

（1）**选择促销范围。** 销售促进活动首先要确定参加活动的人员范围，确定是企业所有的消费者还是购买一定数额产品的消费者；其次要确定参加销售促进的产品，企业的产品系列可能不止一个，确定是所有产品都参加，还是只针对过季产品；最后要确定参加区域，确定是企业经营的所有区域都参与还是重点区域参与。

（2）**选择促销时机。** 销售促进的时机也很重要，不同的促销时机效果是不同的，促销时机的选择要结合产品特点，特别是服装产品，流行性、季节性都很重要；促销时机的选择还要结合考虑消费者特点，消费者的购买时间，是新品上市时购买，还是节假日购买；促销的时机还要考虑竞争，是抢先推行还是跟随进行等。

（3）**选择促销激励规模。** 销售促进的激励规模越大，刺激强度越大，企业实现销售促进目标的可能性越大，但是激励规模和强度是有一定的上下限的，当刺激强度超过一定值后，其效益比会下降，消费者对价格和商品认知是由绝对阈限值的，超过绝对阈限值，会对产品产生怀疑。

（4）**选择促销持续时间。** 促销的持续时间不宜过短，过短会有一些消费者没来得及参与活动就结束了，也使得投入产出少，活动时间也不宜过长，如果活动时间太长，消费者会以为品牌一直是这个价格，会损坏品牌形象，也使促销失去原来的目的。

4. 编制销售促进预算

销售促进费用预算要结合企业的财务能力、销售促进目标、销售促进的规模等方面综合考虑。常用预算方法包括销售百分比法、量入为出法、竞争对等法和目标任务法。

5. 试验、实施控制方案

销售促进方案首先可以进行小范围试验，根据试验结果进行方案调整，开展全面实施。对销售促进方案实施过程的控制非常重要，方案制定得再完美，如果实施过程控制得不好，也可能导致整个促销过程失败。在方案实施前期，要做好人员、物质准备，确保每个环节都有人负责，精确分工，明确责任。物质准备方面有专人负责，建档建立目录，确保万无一失。在方案执行过程中，有专人负责检查各部门的执行情况，定期对销售促进进度、促销范围、促销效果进行评估，保持实时监控。

6. 评估效果

促销效果的评估有主观评价法和客观评价

法。主观评价法通过观察促销现场消费者的反应和对消费者进行抽样调查来完成。客观评价法是通过企业的经营数据指标来确定，通过对比销售促进前后的销售数据指标来判断促销效果。

单元五　公共关系策略

公共关系（Public Relations）一词最早出现在 1807 年美国总统托马斯·杰斐逊的国会演说。北欧联合航空公司一位公共关系经理在一个培训班中向学员讲解什么是公共关系时，用了这样一个比喻：一名青年追求伴侣，可以用许多方法，大献殷勤就是一种，这不算公共关系，而是推销；努力修饰自己的外貌和风度，讲究谈吐举止，这也是一种吸引人的办法，不过这也不是公共关系，而是广告；如果这位青年经过周密的研究思考，制定计划，而且埋头苦干，以成绩获得他人的称赞，然后通过他人的口将对自己的优良评价传播开去，这就是公共关系了。广告就是一种“付费的宣传”，公共关系为“免费广告”。

一、公关关系的概念和职能

1. 公关关系的概念

服装企业在生产经营过程中，不仅要和消费者、供应商、中间商、同行竞争者产生联系，还要和社区公众、政府公众、媒体公众等建立联系。企业要保持良好的公众形象，这些都是公共关系的职能。公共关系是企业促销的主要手段。

公共关系是指服装企业通过公共传播和对特殊事件的处理，使自己与公众保持良好关系的活动。企业的公共关系可以分为内部公共关系与外部公共关系。

2. 公共关系的作用

随着网络技术的发展，信息传递的快速，及广告、销售促进，公共关系的作用越来越大，企业形象这种无形资产对消费者的影响也越来越大，公共关系可以打造品牌形象，提升品牌知名度。

（1）**建立良好的企业形象。**公共关系的目的是在公众中树立企业良好的形象，使企业在市场环境竞争中有良好的社会环境，其产生的影响不只针对消费者，对中间商和企业员工都具有很好的激励作用，同时，其产生的作用比广告更具说服力，企业是通过媒体报道来传播信息的，借助第三方平台，可信度增加。

（2）**间接促销，宣传产品。**公共关系不是广告，它不是直接对产品和企业的宣传，而是通过企业参与各项社会活动、做有益于社会发展的事情，扩大知名度，在公众中树立良好形象，赢得消费者的信任和肯定，间接达到了提高销售额的目的。

（3）**双向沟通信息。**公共关系的信息沟通是双向的，一方面，企业通过参与各项公共事业、社会活动让社会公众了解企业；另一方面，企业也通过参与社会活动了解公众需求，实现双方信息交流。

二、公共关系的类型

（1）**日常事务型公共关系。**是指服装企业将树立企业良好形象贯穿于整个企业经营的日常事务中。企业为了在社会公众中树立良好形象，从企业的原材料采购到品牌设计生产、渠道建设、广告宣传、销售终端等各个环节，都严格把关，提供优质服务，做到环保，不损害公众利益，同时维护企业职工利益，通过日常事务的良好习惯来积累自己的品牌信任，建立企业良好声誉。

（2）**宣传型公共关系**，是指服装企业通过内部沟通和对外各种媒体，向企业员工及社会公众宣传自己，树立企业良好形象，提高企业的知名度，从而形成有利的社会舆论的公共关系模式。

宣传型公共关系包括内部公共关系和外部公共关系。内部公共关系的对象为企业员工、股东等，内部公共关系的目的是让内部公众了解企业的经营状况，面临的问题，主要通过企业报纸、企业网站、宣传片、座谈会等。外部公共关系的对象包括消费者、中间商及其他公众，目的是让他们能够及时掌握企业信息，树立良好形象，主要通过大众媒体新闻报道。宣传型公共关系的特点是主导性强、时效性强、传播面广、推广组织形象效果快。

（3）**交际性公共关系。**是指服装企业在公共关系中主要通过人际交往来与公众进行沟通交流，通过人际交往为企业带来人脉、机遇。交际性公共关系不借助媒体，沟通具有灵活性，是通过人和人之间面对面的交流，是情感交流，具有感情色彩。

（4）**社会性公共关系。**是指服装企业通过有组织的社会活动来举办各种公共关系的形式。这种活动包括各种社会性、公益性、赞助性活动。社会活动包括举办公益讲座、赞助学校、赞助各种团体等，通过这些社会性活动来扩大服装企业的社会影响力。由于活动的公益性使得大众对企业的好感值上升。社会性公共关系更注重企业的长远利益。

（5）**预防危机性公共关系。**是指为防止影响服装企业正常生产秩序的进行，对服装企业的长期发展产生威胁，影响企业形象受到损失的突发事件的发生，服装企业事先准备预防措施而进行的一种公共关系。这种公共关系是以预防为主，建立与公众紧密联系，及时发现企业公共关系失调的先兆，及时按照预案进行干预，采取相应措施，使其向有利于企业形象方向转化。

三、公共关系策略

公共关系策略的实施一般包含以下几个步骤。

1. 确定目标

确定公共关系的目标是公共关系策略实施的第一步，也是非常关键的一步，目标定错，后面的工作就没有意义了，目标是引领。公共关系目标是指企业公共关系策略最终要达到的状态和目的，是公共关系策略的核心，也是公共关系活动能否成功的关键。公共关系的目标也是服装企业目标的延伸。

2. 搜集信息

公共关系的目标确定以后，就要围绕目标进行信息收集。信息收集包括：

（1）**宏观环境信息收集。**针对人口环境、经济环境、政治、经济环境、科学技术环境以及社会文化环境，对企业公共关系是否产生影响。

（2）**收集消费者信息。**通过问卷、访谈等方式了解消费者对企业的熟悉程度，对企业产品的了解程度，是不是企业产品的使用者，调研消费者对企业的态度，是肯定还是否定，消费者期望企业未来怎样发展，提供什么样的产品等。

（3）**竞争对手信息。**收集同行业竞争者、品牌竞争者的相关信息，其在消费者心中的定位、形象，了解对方在公共关系方面的行为，能否为企业借鉴。

3. 确定对象

公共关系的客体有多个，一定要准确定位公共关系的对象。公共关系的对象包括企业内部公众和外部公众。内部公众包括企业内部员工、股东等。外部公众包括消费者、经销商、政府、媒体、社区公众等，针对不同的对象，选择不同的促销手段和传播媒介。

4. 选择公关形式、传播媒介

公共关系的目标不同、对象不同，传播媒介的选择也不同，公共关系的形式是多种多样的，可以是言语、文字、实像等，也可以是新闻稿、公关广告、企业内部刊物、赞助活动、招待会、发布会等。公共关系的传播媒介也可以是传统大众媒体，包括电视、广播、报纸等，还可以是新兴的网络传播，包括网络平台、微信、微博、抖音等。

5. 制定、实施方案

公共关系是一个系统的整体活动需要完成的策划、实施过程。过程包括确定实施活动的人员组成，人员数量不要太多，人员分工需明确，应在知识结构、能力等方面互补；确定方案实施过程中要注意的问题；实施方案过程中要有专家督导。

6. 效果评估

公共关系的总结评估非常重要，通过这一环节，服装企业可以对比在开展公共关系前后，公众对企业形象、产品认证、品牌认知等方面的变化。常用的评估方法包括民意调查法、专家评估法和比率统计法。

实　训

1. 对调研品牌进行促销策略调研。包括其广告策略（广告方式、内容、广告语等）、销售促进（常用方式、最近一次促销活动）、人员促销及公共关系。

2. 制作 PPT，课题分享。

参考文献

[1] 刘晓红，刘东，陈学军.索理.服装市场营销［M］.北京：中国纺织出版社，2008.

[2] 王鸿霖.服装市场营销［M］.北京：北京理工大学出版社，2010.

[3] 尹庆民，林妍梅.服装市场营销项目化教程［M］.北京：高等教育出版社，2018.

[4] 菲利普·科特勒，凯文·莱恩·凯勒.营销管理［M］.王永贵，何佳讯，陈荣，于洪彦，译.北京：中国人民大学出版社，2012.

[5] 赵平.服装市场营销［M］.北京：中国纺织出版社，2007.

[6] 孟韬，毕克贵.营销策划［M］.北京：机械工业出版社，2019.

[7] 祖秀霞.品牌服装设计［M］.上海：上海交通大学出版社，2013.

[8] 徐曼曼.服装设计实务［M］.北京：化学工业出版社，2018.

[9] 格威尼斯·穆尔.服装市场营销与推广［M］.张龙琳，译.北京：中国纺织出版社，2014.

[10] 荣晓华.消费者行为学［M］.大连：东北财经大学出版社，2016.

[11] 华梅.服装概论［M］.北京：中国纺织出版社，2009.

[12] 范铁明.服装品牌营销与市场策划［M］.重庆：重庆大学出版社，2011.

[13] 杨以雄.服装市场营销［M］.沈阳：东华大学出版社，2010.

[14] 李怀斌.市场营销学［M］.北京：清华大学出版社，2007.

[15] 吴炜，董杰.市场营销实训教程［M］.武汉：华中科技大学出版社，2009.